Ce livre est dédié au peuple de Tibet, qui souffre toujours sous la domination chinoise. Il est aussi dédié à la mémoire de ma sœur Yangzom Doma, qui a réuni toutes ces histoires, et au souvenir de ma mère, qui a encouragé ma sœur à lancer ce projet.

Remerciements

Je voudrais remercier mon agent littéraire Eileen Cope, Rinchen Dharlo du Tibet Fund, Janet Goldstein de Viking Penguin et, bien entendu, Holly Hammond, qui a mis en forme ce livre.

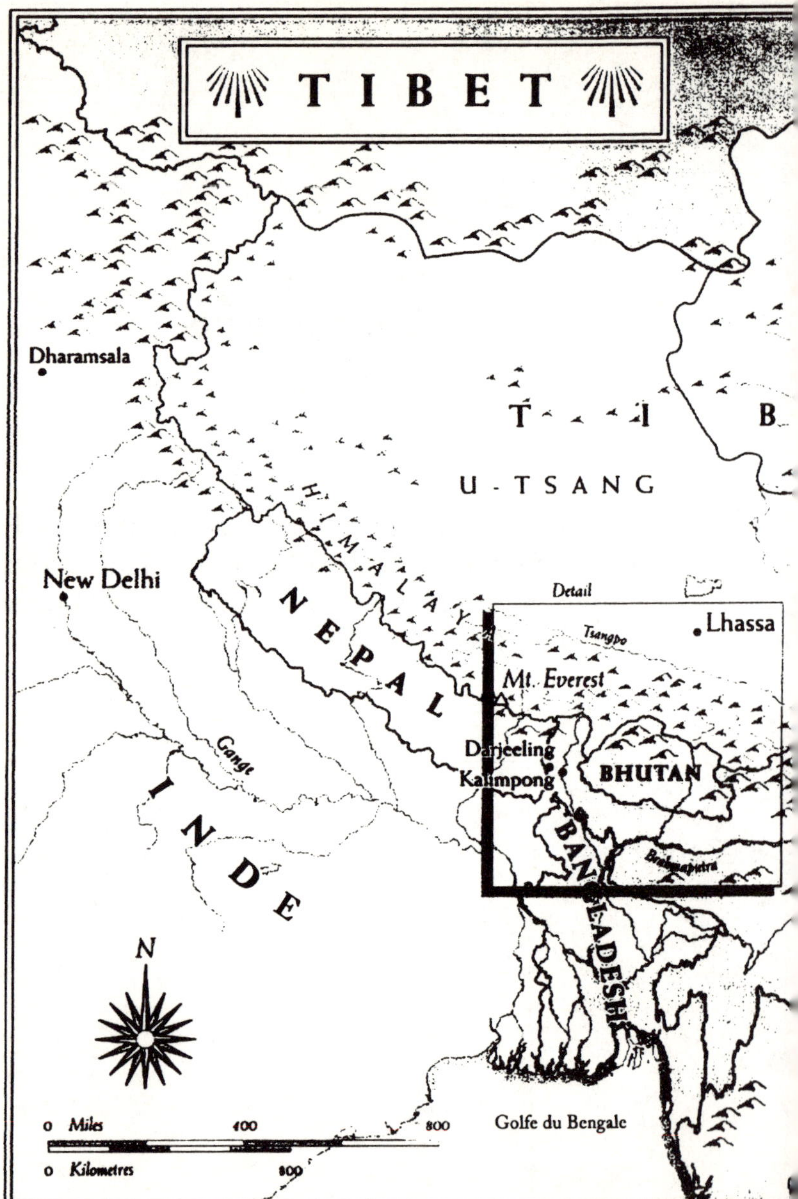

TIBET
T I B
U-TSANG
HIMALAYA
Dharamsala
New Delhi
NEPAL
INDE
Gange
Detail
Lhassa
Tsangpo
Mt. Everest
Darjeeling
Kalimpong
BHUTAN
Brahmaputra
BANGLADESH
N
Golfe du Bengale
0 Miles 400 800
0 Kilometres

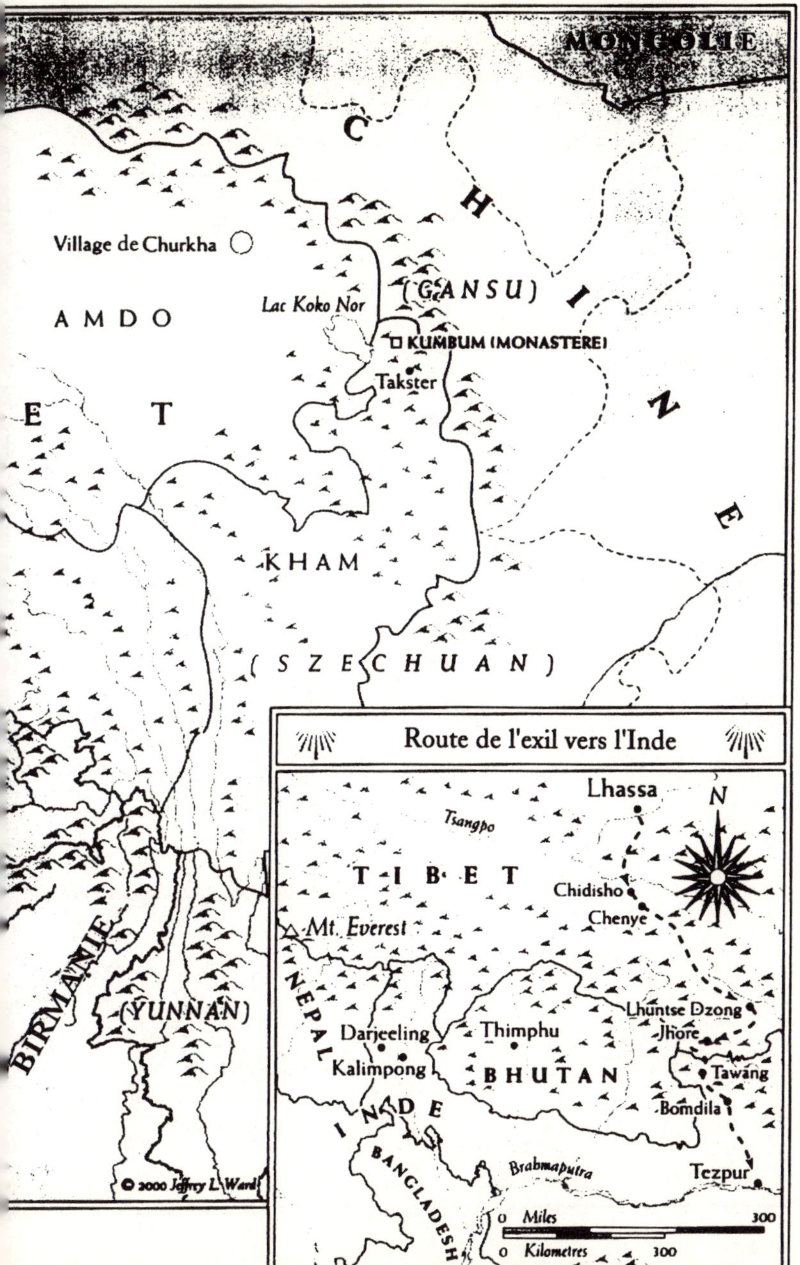
MONGOLIE
C H I N E
Village de Churkha
A M D O
Lac Koko Nor
(GANSU)
KUMBUM (MONASTERE)
Takster
E T
KHAM
(S Z E C H U A N)
BIRMANIE
(YUNNAN)
© 2000 Jeffrey L. Ward
Route de l'exil vers l'Inde
Lhassa
N
Tsangpo
T I B E T
Chidisho
Chenye
Mt. Everest
NEPAL
Darjeeling
Kalimpong
Thimphu
B H U T A N
Lhuntse Dzong
Jhore
Tawang
Bomdila
I N D E
BANGLADESH
Brahmaputra
Tezpur
0 Miles 300
0 Kilometres 300

LE DALAÏ-LAMA, MON FILS

Introduction

Souvenirs de ma grand-mère

Le premier souvenir que j'ai de ma grand-mère remonte à mes sept ans. C'était en 1959, et je suivais les cours du Collège St Joseph, une école jésuite de Darjeeling, en Inde. Un jour, le directeur, le père Stanford, m'a appelé dans son bureau. "Jeune homme, aujourd'hui est un jour historique. Tes parents ont demandé que tu rentres, car tu dois aller à la gare de Siliguri pour accueillir Sa Sainteté le Dalaï-Lama, qui passe dans la région." Ce fut là ma première notion concernant la particularité de ma famille.

Lorsque nous sommes arrivés à la gare, nous avons dû nous frayer un chemin à travers la foule rassemblée pour rendre hommage et apercevoir Sa Sainteté, le Dalaï-Lama, récemment évadé du Tibet et réfugié en Inde. J'ai compris alors que je participais à quelque chose d'important. Mon oncle, que je n'avais pas encore rencontré, était reçu comme un Bouddha vivant. Les gens s'adressaient à ma grand-mère en lui donnant le titre de Gyayum Chenmo, Noble Mère, et elle se comportait avec la dignité et la chaleur convenant à ce nom.

Après son arrivée en Inde, Mola, comme nous l'appelions, a habité d'abord avec Sa Sainteté à Mussoorie (*Momo* signifie grand-mère, et *la* est un titre honorifique.) Puis elle est venue vivre avec nous à Darjeeling. Elle s'est adaptée à la vie en Inde avec le calme et la patience qui l'avaient soutenue à travers tant de bouleversements. Son but avait toujours été clair : prendre soin de ses enfants et petits-enfants et les guider. À travers la guerre, les épreuves, les maladies et la mort, malgré les désagréments de la politique et les frontières nationales, elle était le rocher auquel s'amarrait sa famille. Elle était le havre où on pouvait toujours trouver sécurité et amour.

Tout en étant facile à vivre et gentille, ma grand-mère était très exigeante en ce qui concernait l'éducation de tous ses petits-enfants. Elle insistait pour qu'on mange proprement – c'est-à-dire, des plats de l'Amdo, où sa mère lui avait appris à cuisiner. Elle nous a tous appris à cuisiner. Elle préparait souvent des plats et faisait cuire des pains pour Sa Sainteté, et en même temps elle enseignait aussi à ses domestiques – originaires du Tibet central – à préparer la cuisine amdo. Aujourd'hui encore, le quatorzième Dalaï-Lama mange les mêmes plats que sa mère lui préparait lorsqu'il était enfant.

Grand-mère était aussi la gardienne des traditions et des fêtes religieuses. Pour la Nouvelle Année, la coutume dictait de porter ses plus beaux vêtements neufs. Lorsque j'étais très jeune, j'aimais revêtir les *chubas* en brocart que Mola nous avait envoyés du Tibet. Mais après 1959, quand les réfugiés affluaient en Inde sans argent, démunis de tout, elle nous a enjoint de ne pas nous parer de vêtements luxueux pour la Nouvelle Année, par égard pour ces gens qui n'avaient plus rien. Nous avions le droit de porter un petit article de vêtement neuf, mais nous ne devions pas faire parade de nos atours.

Après la mort de son propre père, mon père, Gyalo Thondup, était devenu chef de la famille. Il a joué un rôle important dans la préparation de l'évasion de Sa Sainteté du Tibet. Grand-mère m'avait confié qu'après mon père, ce serait à mon tour de porter le nom de la famille et elle m'avait bien fait comprendre la signification de cette responsabilité. Je transmets maintenant ces traditions à ma fille. Même si elles paraissent de peu d'importance, je suis persuadé que ce sont là les valeurs qui forment un caractère fort.

Le soin et l'attention que ma grand-mère prodiguait à sa famille s'étendaient naturellement à tout le monde – amis, fonctionnaires gouvernementaux et gens ordinaires. Si par la fenêtre elle voyait dans la rue des Tibétains démunis, elle les invitait à monter jusqu'à la maison. Elle regardait leurs visages et disait : "Vous avez l'air triste. Quel est le problème ?" Généralement, c'était le manque d'argent, et elle y remédiait immédiatement, en leur mettant une petite somme dans la main.

Chaque matin, de bonne heure, nombre de gens attendaient à notre porte de derrière pour quêter de la nourriture. Nous gardions là d'énormes coffres de riz et de froment, et nous donnions à chaque personne une mesure pour la journée. Ces premières années en Inde ont été difficiles, et Mola faisait de son mieux pour aider les gens.

À l'époque, un fonctionnaire de l'administration américaine vivait juste à côté. Je l'ai revu en 1979 aux États-Unis, et il m'a parlé de ma grand-mère. Il se souvenait que lorsque son épouse avait accouché de leur premier enfant, Mola avait préparé de la soupe de poulet et en avait envoyé à la jeune mère, car il est très important de prendre bien soin de sa santé durant le mois qui suit l'accouchement. Cet homme n'a jamais oublié ce geste généreux envers une personne que ma grand-mère connaissait à peine.

Tout le monde respectait ma grand-mère, car elle ne se considérait ni supérieure ni inférieure à qui que ce soit. Elle traitait avec considération toutes les personnes qu'elle rencontrait. Même les gens qui travaillaient dans sa maison l'aimaient. Au lieu de s'installer confortablement et de se contenter de donner des ordres, elle participait au travail de la maison et montrait aux domestiques comment l'effectuer.

Grand-mère était pieuse. Elle commençait ses journées en récitant ses prières et en apportant des offrandes à la divinité familiale. Par son exemple, elle nous a enseigné les rudiments de la religion. J'avais un aquarium, et je nourrissais les poissons avec des vers vivants. Quand grand-mère m'a vu faire, elle a été horrifiée et m'a dit que c'était un grand péché de laisser un être vivant en dévorer un autre. Ces paroles m'ont profondément affecté. Par la suite, je n'ai plus utilisé que de la nourriture sèche pour les poissons, afin d'éviter de participer à quelque tuerie que ce soit.

Grand-mère aimait les poissons. Nous les regardions ensemble et leur attribuions des noms. Elle me signalait les caractères différents des poissons : les méchants et les gentils. Elle nous apprenait à apprécier la valeur de la vie.

De mars à novembre, nous étions en pension à l'école. Toute la famille se rendait ensuite à Calcutta pour les vacances d'hiver. Bien que sexagénaire, Mola était ouverte à tout et aimait s'amuser. Elle nous emmenait pique-niquer, nous faisait goûter dans la rue des casse-croûte indiens. Elle aimait le cinéma, et elle nous y emmenait souvent. Elle préférait par-dessus tout les films indiens débordant d'émotion, avec pléthore de chansons et de sanglots. Les films étaient, bien entendu, en hindi. Elle ne comprenait pas le dialogue, mais nous lui expliquions l'action. Grande conteuse, elle aimait nous faire peur avec des histoires du chat fantôme qui volait du pain chez une famille riche pour le donner à une famille pauvre. Lorsqu'elle rendait visite à son fils Norbu, installé aux États-Unis pour enseigner à l'université de l'Indiana, la nuit elle aimait regarder à la télé les films d'horreur.

Si mon frère et moi nous nous querellions, Mola nous séparait et décidait qui avait raison et qui avait tort. Nous respections ses décisions, car elle était toujours juste. Elle ne nous imposait jamais quoi que ce soit, pas plus qu'elle ne nous demandait de lui rendre service. Sa chaleur et son affection nous offraient un immense sentiment de sécurité.

Grand-mère possédait d'énormes placards où elle gardait ses affaires. Tout était très bien rangé, chaque chose à sa place. Au fond d'un tiroir ou en haut d'une étagère de ce vaste trésor, il y avait toujours des sucreries ou une surprise quelconque pour nous, ses petits-enfants. Si nous voulions quelque chose, nous le lui demandions, car elle était toujours disposée à nous offrir ce qu'elle avait.

J'admirais la force de ma grand-mère, tant physique que morale. Nous avions bâti une nouvelle ferme – pour accéder à la cour, il fallait descendre plusieurs marches. Un jour, elle a glissé et est tombée sur cet escalier de huit ou dix marches. Nous nous sommes tous précipités pour voir ce qui était arrivé. Elle gisait sur le sol. Dame âgée, elle s'était fait mal au dos. Cependant, elle s'est immédiatement relevée et a dit : "Je vais bien." Elle réagissait peu à la douleur. Elle était rarement malade, et gardait une forme excellente. Bon nombre de ses enfants étaient morts en bas-âge, mais elle avait toujours surmonté sa souffrance avec calme et maîtrise de soi.

Grand-mère avait travaillé dur la majeure partie de sa vie et n'aimait pas rester oisive. À Lhassa, lorsqu'elle était enceinte, elle avait l'habitude de monter sur le toit de sa maison et faire des allées et venues avec des pierres pour garder la forme. Elle soulevait des pierres, un peu comme les haltérophiles actuels. Elle nous disait toujours : "Vous être vraiment gâtés. Vous ne savez pas ce que veut dire travailler dur."

Au début des années soixante, un bureau du Tibet fut ouvert à Genève, en Suisse, et Lobsang Samten, le frère de Sa Sainteté, s'y est installé pour nous représenter. Ma grand-mère a passé quelque temps avec lui et sa famille. Ensuite, elle s'est rendue aux États-Unis, à Bloomington, dans l'Indiana, dans la famille de Norbu. Elle a rendu visite à tous ses enfants, y compris à Sa Sainteté à Dharamsala et à nous à Darjeeling. Nous étions tous heureux de la voir, car sa compagnie nous faisait plaisir. Elle ne réprimandait et ne critiquait jamais personne. Son autorité naturelle imposait le respect.

Mon père avait quitté le Tibet pour la Chine alors qu'il n'avait que seize ans. Il voulait poursuivre ses études et apprendre les sciences politiques. Pendant son séjour, il avait épousé une Chinoise. Les sentiments anti-chinois étant intenses parmi les Tibétains, ma grand-mère lui avait conseillé de ne pas revenir à Lhassa avec son épouse. Ils se sont installés en Inde, où ma sœur est née là en 1950, moi-même en 1952 et mon frère en 1954.

Ma grand-mère était très compréhensive et ouverte à l'égard de ma mère. Malgré la méfiance et la rivalité séculaires entre Tibétains et Chinois, elles s'entendaient très bien. Mola avait envoyé sa fille cadette et ses petits-enfants étudier en Inde, où ma mère s'en occupait. Même si ma mère, femme moderne et éduquée, gérait sa maison et élevait ses enfants d'une manière peu familière à ma grand-mère, Mola acceptait ses actions et la soutenait pleinement. Elle constatait que ma mère s'occupait de six enfants, les traitant comme s'ils étaient les siens et leur apprenait à penser de manière progressiste. Je n'ai jamais entendu un mot de critique ou de colère échangé entre elles, ni ressenti la moindre ombre de ressentiment d'une part ou de l'autre.

Ma mère était une grande dame, appartenant à une célèbre famille chinoise. Son père avait été général sous Tchang Kaï-chek. Elle était allée au collège et se préparait à partir aux États-Unis pour parfaire son éducation, lorsqu'elle avait rencontré mon père et l'avait épousé. Elle s'est montrée non seulement une bonne épouse et mère, mais aussi une administratrice pleine d'abnégation.

En 1959, quand les réfugiés ont commencé à affluer en Inde, ma mère a pensé qu'il était important pour eux de devenir autosuffisants. Les recettes d'un match de football organisé au profit des réfugiés ont permis à ma mère d'acheter aux Jésuites un terrain, sur lequel elle a fait construire un centre d'entraide.

Elle y travaillait dur tous les jours, et vers 1986, l'année de sa mort, presque six cents personnes demeuraient et travaillaient dans ce centre.

Lorsque ma sœur, Yangzom Doma, a fini le collège, elle est partie en Angleterre suivre les cours de l'École d'études orientales et africaines de Londres, où elle a passé son diplôme de troisième cycle en études chinoises et tibétaines. À son retour en Inde, mon père lui a suggéré de travailler pour le gouvernement tibétain en exil. Il nous a toujours encouragés à accomplir notre devoir envers notre peuple et notre pays. Ma sœur a accepté un poste à la Bibliothèque des études et archives tibétaines, où elle est devenue la rédactrice du *Tibet Journal*.

Quand Yangzom Doma était à Dharamsala, elle rendait souvent visite à Mola qui, bien entendu, lui préparait ses plats préférés. En 1979, ma sœur eut l'idée de consigner par écrit l'histoire de la vie de notre grand-mère. Quand elle lui en parla, Mola fut abasourdie. Personne ne lui avait jamais demandé ses sentiments et ses impressions à propos des événements survenus au cours de sa vie. Toutefois, elle accepta de raconter ses souvenirs. Yangzom Doma prit des notes durant presque toute l'année suivante. Une fois que Mola commença à égrener ses souvenirs, il ne fallut pas l'inciter beaucoup à parler. Elle s'attela à cette tâche avec un enthousiasme tel, que les récits donnaient l'impression de relater des événements tout récents, même tant de décennies après, m'a confié ma sœur.

Malheureusement, ma sœur est décédée dans un accident de voiture en Tunisie en 1982. J'en fus le premier informé, et j'ai dû le dire à ma mère. Celle-ci s'effondra de chagrin et ne s'est jamais vraiment remise du choc de la perte de sa seule fille. Elle développa un cancer et mourut en 1986. À sa mort, des milliers de Tibétains se rassemblèrent pour réciter des prières à son intention. Les gens la révéraient, malgré ses origines chinoises.

Je me suis marié en 1983. Peu de temps après, ma femme est tombée enceinte. Une nuit, dans un hôtel à New York, ma sœur m'est apparue en rêve. Elle m'a dit que mon épouse allait mettre au monde une petite fille, et que ce serait sa réincarnation. Je n'en ai pas parlé, car je ne savais pas s'il fallait y croire ou non. La naissance de ma fille a rendu ma mère très heureuse. Un peu de joie est entrée dans sa vie après le décès de ma sœur.

J'ai divorcé lorsque ma fille avait cinq ans, et je m'en suis occupé pendant les onze années suivantes. Je dois dire qu'elle ressemble à ma sœur de bien des façons. Par exemple, leurs écritures sont parfaitement identiques. Je garde tous les vêtements et les affaires de ma sœur dans des cartons dans mon grenier, et ma fille aime fouiller là-dedans. "Comme c'est curieux que Yangzom Doma ait eu toutes ces choses qui me plaisent", dit-elle. Elle aime enfiler les vêtements de ma sœur. Je suis maintenant persuadé que ma sœur est revenue dans notre famille, et j'en suis très heureux.

J'avais promis à ma fille de ne pas me remarier durant son enfance, pour me consacrer à son éducation. Nous sommes devenus de bons amis. Mais l'année dernière je lui ai dit : "Tu as maintenant ta propre vie. J'ai quarante-huit ans, et j'ai besoin d'une personne auprès de laquelle vieillir. Je veux me remarier." Elle a été d'accord. Je me suis remarié récemment, et une petite fille, à laquelle nous avons donné le prénom de ma mère, a vu le jour en juin dernier. Je suis persuadé maintenant que ma mère s'est réincarnée elle aussi dans la famille.

Après le décès de ma mère, les gens du centre des réfugiés sont allés voir Sa Sainteté pour lui demander de me désigner pour la remplacer. J'ai accepté, à condition que mon frère, médecin, m'assiste. Nous nous occupons de ce centre depuis 1986. Le centre prend maintenant 90 % de mon temps.

C'est l'un des centres les plus progressistes d'Inde, car il ne compte pas sur la charité. Nous fabriquons des tapis, nous nous sommes dotés d'une presse typographique dernier cri, d'une clinique radiologique, d'un laboratoire d'analyses hématologiques, d'un hôpital et d'une école. Nous assistons 750 personnes. Pour subvenir aux besoins de ma famille, je passe les week-ends dans ma ferme de Kalimpong, où je possède une fabrique de nouilles. Mes nouilles se vendent bien dans la région. J'ai aussi été élu au Parlement tibétain. J'accomplis un considérable travail de propagande à New York, à Washington, et au Japon.

Ma sœur ayant disparu avant d'avoir pu achever ce livre, il m'incombe de mener à bien ce projet important. Elle a traduit en anglais les récits de ma grand-mère, qui ne parlait que le tibétain. J'ai compilé ses notes pour la rédaction de ce livre. Bien que la présente chronique soit incomplète, elle est un reflet de la vie et de l'époque de Diki Tsering et un hommage aux efforts de ma sœur. Je suis ravi qu'un large public puisse maintenant connaître ma grand-mère. Toutefois, ce recueil de souvenirs n'arrive pas toujours à la montrer à sa juste valeur.

Première partie

FILLE DE PAYSANS

1

Rétrospective

Maintenant que j'essaie de me remémorer ma vie, je la trouve étrange, presque irréelle. Excuse-moi si ma mémoire se trompe parfois. Tout cela s'est passé il y a si longtemps, et mon enfance n'a jamais fait l'objet d'une conversation avant aujourd'hui ! Je ne sais pas comment me rendre intéressante. C'est drôle que tu me demandes ma date de naissance. Si j'avais un jour posé une telle question à ma propre grand-mère, j'aurais été sévèrement réprimandée pour avoir montré autant d'irrévérence. À quel point les temps ont changé !

En fait, je ne connais pas la date exacte de ma naissance. Quelle importance les dates avaient-elles pour nous ? Nous naissions sans trop de fanfare, grandissions, devenions adolescentes, on nous mariait et nous avions des enfants à notre tour, puis nous disparaissions. Nous traversions tout simplement le cycle entier, convaincus que les gens sont ordinaires et que l'existence est naturelle.

Je suis née aux environs du premier mois de l'année du Bœuf de Fer (1901). On m'a donné le nom de Sonam Tsomo. Mon nom de naissance fait partie d'une autre vie. La plupart des gens me connaissent comme Diki Tsering, bien que ce ne soit pas le nom que j'ai reçu à ma naissance. Depuis que je suis venue vivre à Lhassa, j'essaie de devenir Diki Tsering, de me plier au statut social et aux honneurs cadrant avec ce nom. Afin d'assumer les responsabilités qui m'incombaient de par ma nouvelle position dans la vie, je me suis peu à peu éloignée de Sonam Tsomo, la fille simple, avec sa vie simple et l'ambition ordinaire d'être une bonne épouse et mère. J'ai beaucoup d'affection pour la jeune fille que je me suis forcée d'oublier.

La religion et le sort m'ont propulsée dans la position incroyable de mère du Dalaï-Lama. Lorsque cet événement est survenu, j'ai eu l'impression de perdre tout mon courage et ma confiance en moi, j'ai été aussi effrayée qu'un petit enfant par la tâche extraordinaire qui m'attendait. Mais une fois que je me suis mise à me répéter que j'étais Diki Tsering – nom qui m'a été donné le jour de mon mariage, signifiant "océan de chance" – une sorte de renaissance a embrasé toute ma détermination. Je n'avais plus peur, et j'ai défié le sort de bon cœur, décidée à ne pas me laisser submerger.

Aujourd'hui, je suis une veille femme ennuyeuse, dont les rhumatismes enfièvrent le corps. Mais si faible que je sois devenue physiquement, mon esprit persiste dans la jeunesse avec constance et vivacité. Il est toujours là, même durant les plus terribles souffrances. Maintenant, mes seuls compagnons sont les souvenirs et les rêveries. Mon esprit revient de plus en plus sur mon enfance, sur mes parents et sur mes grands-parents, sur l'endroit où j'ai vu le jour. Je vois si clairement les prés, le ruisseau, les collines, la ferme où j'ai grandi, et je perçois très fortement l'étape du retour chez moi, ce dernier saut de mon voyage.

Les traditions sont si facilement détruites et oubliées. Aujourd'hui, quand je vois des jeunes, je pense souvent qu'ils s'opposent aux traditions pour donner plus d'importance à leur modernité. Je suis fière d'être une femme très traditionnelle, malgré mon endurance et capacité à changer. Suis-je pour autant archaïque et anachronique ? Je ne le pense pas. J'ai toujours été fière et résolue. J'ai mené bien des batailles et chaque victoire m'a aguerrie. Mes traditions, mes racines de Tibétaine, m'ont rendue plus forte. Les traditions ne peuvent pas être niées ou oubliées. Elles engendrent ton esprit et ta fierté, et sont l'épine dorsale de tes sensibilités. Elles font de toi ce que tu es et déterminent ce que tu veux être.

2

Mes premières années

Quelques jours avant ma naissance, mon grand-père avait rendu visite à un lama local. Il était persuadé que son petit-enfant à naître serait une fille. "Je le sens dans mes os", avait-il déclaré. "Elle sera spéciale. S'il vous plaît, aidez-moi à trouver un nom pour une fille très particulière, qui sera une femme remarquable." Quelques prières et nombre d'heures de calculs astrologiques plus tard, le nom Sonam Tsomo fut choisi. Sonam signifie "fertilité", Tsomo est la grande déesse de la longévité.

Dans la société paysanne traditionnelle à laquelle nous appartenions, la religion était l'unique justification de l'existence. Elle apportait sérénité, paix de l'esprit et contentement du cœur. La religion – la foi – était partie intégrante de tous les aspects de notre vie quotidienne. Le lama, représentant la divinité sur Terre, était invité à participer à tous les événements importants du cycle de la vie : naissance, mariage, voyage, maladie, mort et renaissance.

Mes souvenirs les plus anciens parlent d'une terre dont la nature avait fait un paradis, où rien ne manquait. Il y avait pléthore de forêts, de lacs, de collines, de montagnes et de sol fertile. C'est ainsi que je me souviens du village de Churkha, dans le district de Tsongkha, où je suis née. Churkha était sous la juridiction du monastère de Kumbum. Tsongkha était le pays natal de Tsongkhapa, fondateur de la secte bouddhiste Guélougpa au XIVe siècle. J'étais le second enfant de mes parents, mais leur première fille. Il se peut que ma naissance ait été considérée par mes parents un mauvais présage, car elle a été suivie par une longue série de filles.

Je n'ai jamais oublié mon enfance sans contraintes dans l'Amdo (l'une des deux provinces du Tibet oriental). J'ai grandi parmi sept sœurs et trois frères, entourée de beaucoup d'affection et d'amitié. Mes parents étaient des paysans humbles mais aisés. Mes horizons et ma conscience commençaient et finissaient avec la vie de mes ancêtres laboureurs. La terre nous permettait de gagner notre vie et de survivre. Lorsque le sort a changé si brusquement et si radicalement ma vie, je n'étais qu'une simple paysanne.

J'ai vécu mes premières années dans une famille élargie, nombreuse. Mon père avait six frères, qui vivaient tous dans la maison familiale, avec leurs épouses et leurs enfants. Cette coutume était spécifique à notre région de l'Amdo. Les fils ramenaient leurs épouses dans leur famille, tandis que les filles quittaient leur maison natale en se mariant, pour rejoindre la famille de leur époux. Parfois, quand il n'y avait que des filles dans une famille, les parents "achetaient" un mari qui venait chez eux reprendre leur nom, mais ce n'était pas une coutume répandue.

Les maisons de l'Amdo étaient différentes de celles du Tibet central. Elles étaient carrées, hautes d'un ou deux étages. Notre maison avait deux étages, et était flanquée d'une autre à un seul étage, où vivaient les domestiques. Les maisons étaient construites en *thala*, sable concassé remplissant l'espace compris entre deux murs en bois. Au village, les maisons étaient entourées par un mur en pierre, et bâties autour d'une cour intérieure. La famille élargie vivait souvent dans un complexe de telles maisons. Chaque maison était dotée d'un grand magasin pour stocker le *tsampa* (farine d'orge torréfiée, principale nourriture du Tibet), la farine, le beurre, la viande séchée et l'huile. Les étables étaient à part, abritant les moutons, les vaches, les chevaux, les *dris* (les yaks femelles), les ânes, les cochons et les *dzomos*. (Un *dzomo* est la progéniture d'un yak et d'une vache. Le mâle est appelé *dzo*.)

Dans notre région, on élevait les mastiffs à l'aspect le plus féroce que j'aie jamais vu, même à Lhassa. On les utilisait comme chiens de garde. Ces chiens étaient souvent échangés contre des chevaux et ils devaient parcourir parfois de longues distances. Ils se blessaient alors les pattes, que nous enveloppions de fourrure de yak pour les protéger.

Mon père s'appelait Tashi Dhondup, et ma mère Doma Yangzom. Mes grands-parents vivaient aussi avec nous. Dans l'Amdo, toutes les femmes âgées de la famille répondaient au titre d'*amala*, mère. Pour distinguer les diverses mères, nous utilisions des termes comme *tama* et *gama*, mère aînée et mère puînée, selon leur rang déterminé par l'âge. Il était coutumier, une marque de respect filial, que les femmes âgées qui avaient eu des enfants ne travaillent pas. On considérait que les anciens avaient effectué leur part de travail durant leur jeunesse.

Mes grands-parents m'ont aimé dès ma naissance, non pas parce j'étais l'aînée – j'avais déjà un frère plus âgé – mais parce qu'une prémonition les avait prévenus que j'allais être une enfant spéciale, et une adulte encore plus particulière. Ils m'ont prodigué une telle tendresse et affection, que je me suis sentie aimée. Le plaisir de la vie qui en a résulté ne m'a jamais quittée. Je leur dois une gratitude éternelle pour avoir enrichi mon enfance et m'avoir caché, même si ce ne fut que temporaire, que la vie d'une femme peut être difficile, cruelle, remplie d'épreuves et de tribulations.

Mes grands-parents étaient le centre de mon univers. Je dormais avec eux, mangeais avec eux, j'étais cajolée et chouchoutée par eux. Ils semblaient occuper entièrement mon petit ego. Les relations entre grands-parents et petits-enfants étaient libres et simples, exemptes de règles de conduite rigides.

Mon grand-père était un homme fort, autoritaire, légèrement arrogant. À l'époque, il était le maître dans l'Amdo, et il dirigeait son monde d'une main de fer. Cet homme irritable m'a bercée dans ses bras dès que j'ai vu le jour et a déclaré haut et fort : "Voilà ma Sonam Tsomo." Par cette affirmation solennelle, je suis passée sous sa responsabilité. Même s'ils étaient agacés par cette prééminence, par cet abus d'autorité, mes parents ne pouvaient qu'obéir.

Souvent, il était étrange de voir mes parents s'en remettre à mes grands-parents pour toutes les questions importantes, tout en se rendant à tous mes caprices et lubies. Ce ne fut que bien plus tard que je me suis rendue compte du respect sous-tendant nos liens de parenté et de la façon dont il marquait chaque aspect de notre comportement. Les grands-parents étaient regardés par tous les membres de la famille avec considération et respect. Malgré cela, la relation grand-parent / petit-enfant était marquée par une intimité désinvolte.

Les relations parents / enfants étaient sobres, distantes, et très compassées. Mes parents adoptaient la même attitude envers mes grands-parents.

J'ai remarqué, souvent avec une jubilation secrète, à quel point mes parents étaient terrifiés par mes grands-parents. Par exemple, si mon grand-père était assis sur le *kang* (plate-forme chauffée utilisée pour s'asseoir et dormir), la coutume interdisait à mon père de s'asseoir à côté de lui. Par déférence pour son aîné, il devait soit rester debout, soit s'asseoir sur le plancher. Moi, je pouvais ramper sur le *kang* près de mon grand-père et jouir de la sécurité de ses bras qui m'entouraient. Je provoquais délibérément mon père ainsi, pour lui montrer qu'en la présence de mon grand-père j'étais la petite souveraine qui pouvait faire ce qui lui plaisait.

Quand mon grand-père buvait du thé, sa boisson préférée, les conventions interdisaient à mon père de faire pareil, sauf si le grand-père l'y invitait expressément : "Tashi Dhondup, assois-toi et prends une tasse de thé." Même alors, mon père devait s'accroupir sur le plancher. Seules les personnes de rang égal bénéficiaient du privilège d'une place assise.

Chaque soir après le coucher du soleil, lorsque la famille se rassemblait pour dîner, je me faufilais près de mon grand-père, signal secret indiquant qu'après le repas nous allions passer ensemble un moment merveilleux. J'écoutais fascinée ses innombrables légendes et histoires. Ma préférée était celle où il racontait comment il avait surmonté tous les obstacles dans le choix de mon nom. À cette époque, mon grand-père exerçait une grande influence sur ma vie. Il savait comment prendre plaisir à toutes les expériences de la vie et en profiter pleinement.

Même lorsque j'étais encore bien petite, le fait d'être une fille me pesait considérablement. Très tôt, nous prenions conscience des aspirations et des rôles différents des hommes et des femmes, de la préférence que les familles manifestaient aux garçons. La naissance d'une fille était parfois considérée une malédiction. J'ai entendu des histoires de familles pauvres qui noyaient les petites filles à la naissance. Économiquement parlant, les filles étaient un poids mort dans notre société de fermiers. Enfant, une fille consommait sans contribuer à la production de la nourriture. Adolescente, on devait lui fournir une dot, puis en se mariant elle quittait sa famille pour rejoindre celle de son époux. Les garçons, d'autre part, augmentaient la production par leur travail. Ils restaient avec leur famille, et leur progéniture accroissait encore davantage la fortune familiale.

J'ai demandé bien des fois à mon grand-père s'il aurait préféré un garçon. S'il avait confirmé mes peurs, je n'aurais pas pu supporter la déception. Mais il me tirait les oreilles et disait : "Est-ce que j'aurais alors dit que tu étais une fille avant même ta naissance?" Une grande joie me submergeait, car c'était très important pour moi d'avoir été désirée pour moi-même, et non pas pour l'intérêt pratique présenté par mon sexe.

Ces premières années ont été si remplies de plaisirs que je ne les ai jamais oubliées. J'étais libre de rire comme si j'avais entendu la blague la plus drôle du monde, d'apprécier la beauté des arbres et des fleurs, de ressentir le contentement des chevaux et des vaches, et de faire tous les rêves que mon petit esprit pouvait invoquer.

3

Une enfance insouciante

La séparation d'avec mes grands-parents est arrivée à l'improviste. En 1905, mon grand-père acheta une ferme à Guyahu (appelé aussi Tanantwan), à environ soixante-quinze kilomètres de Tsongkha. C'était à l'origine une zone d'où les musulmans avaient été expulsés après avoir fait la guerre aux Chinois. Mon grand-père acheta cette propriété et, à son retour à Tsongkha, il demanda à ses fils si l'un d'entre eux acceptait de s'installer dans cette nouvelle place. Mes deux oncles rechignaient, car ils ne voulaient pas vivre dans une région musulmane. Ce furent donc mes parents qui se proposèrent.

Je ne me souviens pas du déménagement de ma famille, car je n'avais que cinq ans. Pour autant que je peux me rappeler, j'ai été ravie de m'installer dans ma nouvelle demeure, car c'était une expérience inédite et j'allais voir un endroit inconnu. Bien que le village de ma naissance me fût cher, je n'ai pas ressenti l'ombre d'un regret. C'était une époque où je pouvais encore jouer, sans avoir à assumer de responsabilité.

Guyahu était un joli endroit, pas très différent de Churkha. La distance entre les deux n'était pas très grande, nous pouvions la couvrir à cheval en quelque trois à cinq heures. En ce temps-là, le transport se faisait uniquement à cheval ou en charrette tirée par des *dris*, des *dzo* ou des chevaux. Nous nous sommes installés à Guyahu avec huit ou neuf domestiques, un troupeau de chèvres et quelques hommes pour s'occuper des animaux, emportant avec nous seulement des vêtements, de la nourriture et les outils essentiels.

La séparation d'avec mes grands-parents m'a déchiré le cœur, mais mon grand-père nous rendait souvent visite. Il aimait monter à cheval et profitait de toutes les occasions pour visiter des amis et des parents. En s'en allant, il enjoignait à ma mère : "Doma Yangzom, ne laisse pas sortir les enfants, garde-les sur la terrasse ou dans le jardin, sinon les loups vont les dévorer." Les loups étaient réputés emporter les enfants. De toute façon, nous, les filles, allions rarement plus loin que la terrasse. Mes parents étaient très stricts avec nous.

Les relations entre frères et sœurs étaient affectueuses, les frères assumaient souvent le rôle de "petit père". Le lien entre frère et sœur était particulièrement tendre, sous-tendu par un courant de tristesse, car la sœur allait être mariée dans un proche avenir et quitter la maison. C'était aussi le devoir d'un frère de procurer à sa sœur une enfance gaie et spontanée, pour que celle-ci puisse emporter avec elle ses rêves dans la maturité.

J'avais trois frères. L'aîné est resté à la maison avec son épouse et ses enfants. Un autre est mort à l'âge de dix ans. Quand mon frère cadet est né, mes parents se sont rendus chez le lama et lui ont demandé conseil, pour décider si leur fils serait moine ou laïc. Le lama conseilla à mes parents de l'envoyer au monastère, prétendant que si l'enfant restait à la maison, il ne vivrait pas longtemps. Il fut donc décidé que mon plus jeune frère parte au monastère de Kumbum.

J'étais profondément attachée à ce frère. Comme je me rendais compte qu'il allait bientôt nous quitter pour devenir moine, je lui ai témoigné plus d'affection et d'amour qu'aux autres. En fait, si je voyais un autre de mes frères ou de mes sœurs se quereller avec lui, je me précipitais immédiatement à sa défense et je me battais pour lui. Mes parents et moi sommes souvent allés le voir au monastère, et il est fréquemment revenu nous rendre visite.

La plupart des familles tibétaines envoyaient un fils au monastère, sauf si la famille était peu nombreuse. Dans ce cas, les garçons devaient travailler à la ferme. Les familles pauvres envoyaient généralement les garçons au monastère, car entretenir un fils et finalement toute sa famille entraînait des dépenses importantes. À Tsongkha, les familles n'envoyaient pratiquement jamais les filles au couvent. Il n'y avait d'ailleurs pas de couvent à proximité. À Lhassa, au contraire, beaucoup de filles partaient dans les couvents, principalement pour des raisons économiques, car pour les parents leur arranger un bon mariage représentait un lourd fardeau.

Notre déménagement marqua la fin de mon enfance insouciante, et ma vie entra dans une nouvelle phase. Je n'avais plus de temps pour jouer. Ma mère commença à me faire connaître le monde des femmes et à m'enseigner les devoirs domestiques, afin de me préparer au mariage. À l'époque, dans l'Amdo bon nombre des responsabilités domestiques reposaient sur les épaules des filles, même lorsque celles-ci étaient très jeunes selon les normes occidentales, six ou sept ans. J'ai dû apprendre à faire des nouilles, à préparer le thé, à cuire du pain pour toute la famille. À sept ans, atteignant à peine le niveau de la table de cuisine, je devais monter sur une chaise pour préparer la pâte.

Derrière la maison se trouvait une cour avec jardin, entourée d'un mur haut et épais. Lorsque mes parents se rendaient à la ferme, on m'y installait avec l'ordre de préparer le souper. Puis, tout le monde partait, en fermant la porte de la maison de l'extérieur. Dès notre jeune âge, on nous apprenait à épousseter et à balayer nos chambres. Si nous ne nettoyions pas soigneusement, ma mère ironisait : "Pourquoi nettoies-tu comme un chat qui se toilette ?"

Quand je ne m'employais pas à cuisiner ou à nettoyer, ma mère m'apprenait à couper des vêtements et à broder. Pour une fille de l'Amdo, il était honteux de ne pas être capable de broder les robes et les bottes du pays. Vers douze ans, je fabriquais mes pantalons et mes corsages, ainsi que ceux de mes frères et sœurs.

Ma mère cousait très bien. Pour leur mariage, elle a confectionné les trousseaux de ses huit filles sans aucune aide. Personne n'employait de couturier. N'importe le nombre des membres de la famille ou le nombre de vêtements, de bottes et de chapeaux à coudre, tout était réalisé en famille.

Voilà l'éducation des filles en 1907. À l'époque, aucune fille n'allait à l'école, ni n'apprenait à lire et à écrire. Entre deux et douze ans, les garçons devaient labourer la terre et travailler à la ferme. Alors, si la famille était aisée et s'il y avait de nombreux fils, ceux-ci étaient envoyés à l'école. L'école étant assez éloignée de l'endroit où nous vivions à Tsongkha, mes frères n'y ont pas été envoyés. Les écoles enseignaient le tibétain, l'amdo, le chinois et les dialectes tsongkha. Mon père avait reçu une éducation élémentaire pendant quatre ans et savait lire et écrire.

Notre seule autre formation était religieuse. Lorsque nous vivions avec mes grands-parents, mon grand-père nous réunissait tous les soirs pour la séance quotidienne de prière. Même notre déménagement n'a pas interrompu les séances de prière. Nous nous rassemblions et récitions des prières pendant une heure ou deux. Ma grand-mère priait chaque matin devant l'autel familial, après avoir allumé des lampes à beurre et apporté des offrandes aux dieux. Elle sortait ensuite dans la cour en continuant à réciter des prières. Si nous voyions un lama lorsque nous travaillions dans les champs, nous nous prosternions immédiatement trois fois. Paysans, nous n'avions pas une grande connaissance de la religion, mais nous étions très croyants.

4

La vie à la ferme

Notre ferme était située dans une belle contrée plate, entourée de beaucoup d'arbres, de lacs, de collines et de montagnes. La terre était fertile, et les récoltes produisaient un bon rendement. Nous utilisions du fumier comme fertilisant. On fauchait l'herbe et on la mélangeait soigneusement avec de la terre, la retournant pour quelques jours. On la faisait ensuite brûler jusqu'à ce qu'elle prenne une teinte rougeâtre, puis on la broyait et on la mélangeait avec de la bouse de vache et du fumier de chèvre. Séché, on l'utilisait comme combustible pour le *kang*.

Le *kang* était une plate-forme surélevée s'étendant sur toute la longueur de la pièce. La famille y dormait et y prenait même les repas. La structure faite de briques d'argile était creuse. On la remplissait d'herbe sèche ou de sable, puis de fumier séché ou de bois, et on allumait le feu. On plaçait un tapis sur le *kang*, puis la literie. Nous ajoutions sans cesse du bois et du fumier séché au feu du *kang*, l'entretenant toute la journée. Le froid était tel que malgré le *kang* nous étions obligés de nous couvrir d'épaisses fourrures. Sans le *kang*, je crois bien que nous serions tous morts gelés.

Pendant l'été, le climat était très chaud et agréable, avec des températures allant de 26 à 32° C. Mais à partir du dixième mois, le climat devenait très rude en hiver. Il faisait si froid que si nous oublions un peu de thé dans des coupes durant la nuit, au matin nous retrouvions celles-ci cassées par le thé gelé. J'avais entendu parler de gens qui, après avoir parcouru une courte distance, avaient attrapé de telles engelures qu'ils avaient perdu leurs jambes. Parfois, il tombait jusqu'à trois mètres de neige, atteignant presque le deuxième étage de notre maison. Après une chute de neige, il nous fallait quelque deux jours pour déblayer.

Comme rien ne poussait l'hiver, nous stockions nos pommes de terre, nos radis et nos autres légumes au sous-sol. On avait creusé un cellier profond d'environ trois mètres et large de six, avec des marches, où nous empilions nos denrées de base. La porte de ce cellier devait être étanchement scellée, sinon toutes nos provisions gelaient.

La ferme était grande, il nous était donc impossible d'effectuer seuls tout le travail. Nous engagions des hommes, partagés en deux groupes. Les *nyohog* étaient employés au mois, les *yuleg* à l'année. Entre le deuxième mois et le quatrième ou le cinquième, il y avait beaucoup de travail à la ferme. Au quatrième mois, on commençait à faucher les foins pour préparer le fourrage de l'hiver. Au septième mois, nous ramassions les *tema*, les pois. Nous utilisions de nombreux ouvriers agricoles jusqu'au dixième ou onzième mois. À cette époque, les ouvriers à l'année semaient l'orge. Nous cultivions du froment, de l'orge, des pois et de la moutarde. En fait, nous cultivions pratiquement tout ce qui pouvait pousser en ces lieux. Notre production suffisait amplement à la consommation familiale, et le surplus était vendu.

Après son petit-déjeuner, mon père avait l'habitude de ramasser des légumes dans le jardin et de les distribuer aux voisins en les jetant par-dessus la barrière, surtout à ceux qui ne possédaient pas de potager. Les voisins étaient très proches de nous. Dès que nous avions un instant de libre, nous montions sur le toit en terrasse et bavardions avec nos voisins. Mon père invitait souvent ses amis et ses parents à manger et à boire du vin, ne les laissant repartir qu'au bout de quelques jours. Il aimait bien boire.

Après avoir atteint la cinquantaine, mon père cessa de travailler. Mon frère aîné supervisait la ferme, mon père se contentant d'en faire le tour à l'occasion. Ma mère s'occupait de la maison. Même vers l'âge de soixante-dix ans, elle était encore très active et brodait toujours. Sa vue était excellente.

Nous n'avions pas de montre pour mesurer le temps. Le soleil et le ciel nous guidaient. Nous plantions un bâton dans la terre, et si l'ombre tombait droit, nous savions qu'il était midi. Si l'ombre était un peu inclinée, il était plus de midi. Le soir, l'ombre était presque au niveau du sol. La nuit, les étoiles nous servaient de guide.

Dans mon enfance, j'ai eu de nombreux camarades de jeu, pratiquement tous des voisins. En ce temps-là, il n'y avait pas de jouets pour les enfants. Les petites filles se rassemblaient et jouaient aux tâches ménagères. Nous coupions des morceaux de tissu et les cousions. Nous gribouillions sur des morceaux de papier ce que nous voyions, des fleurs et des maisons. J'aimais aussi ériger de petits châteaux dans le sable.

Lorsque j'ai eu douze ou treize ans, mon père m'a montré la cachette de son argent. Après le départ des domestiques et de mes frères pour les champs, mon père m'a conduite dans les étables, où il a déterré son argent qu'il gardait dans de grands vases en terre cuite. Je l'ai aidé à les extraire de leur trou et à les remplir. Il les a ensuite scellés de nouveau et enterrés, les recouvrant de terre. J'aimais l'idée de partager son secret.

5

La société de l'Amdo

À l'époque, les distinctions de classe étaient marquées dans l'Amdo. Les domestiques, par exemple, restaient dans la cuisine, et même dans la maison il n'y avait pas de mélange social avec eux. Au plus bas de l'échelle sociale, il y avait les voleurs et les bandits. Venaient ensuite les bouchers et les personnes qui travaillaient le cuir et les fourrures. Lorsque nous employions des bouchers, l'hospitalité commandait de leur offrir une tasse de thé. Après leur départ, nous lavions néanmoins leurs tasses dans de la cendre, rituel censé les purifier. À Lhassa, les artisans travaillant l'argent et l'or étaient aussi considérés inférieurs socialement et n'avaient même pas le droit de pénétrer dans la maison. Mais les individus dont le statut était si bas qu'il n'était même pas pris en compte dans l'échelle sociale, étaient les porteurs de cadavres, ceux qui emportaient les morts vers leur destination ultime.

Les lamas (maîtres spirituels) formaient à eux seuls une classe sociale. On les respectait énormément et leur rang était le plus élevé de la société. Nous, les paysans, nous étions très pieux, bien que pas d'une façon intellectuelle. Les robes du lama nous rappelaient les robes de Je Rinpoché, nom que nous donnions à Tsongkhapa, le grand défenseur de la foi bouddhiste, originaire de Tsongkha. (Rinpoché est le titre honorifique des lamas qui sont des réincarnations des grands maîtres; il signifie "grand précieux".) On honorait même les plus pauvres en leur offrant l'hospitalité dans nos maisons. Dans l'Amdo, au contraire de Lhassa, si on rencontrait un lama sur la route, on l'invitait immédiatement chez soi, on lui offrait la meilleure nourriture et le meilleur thé, servis dans la plus belle vaisselle.

Les familles riches possédaient de grandes fermes et employaient des domestiques, mais la richesse était assez également repartie, et il n'existait pas de véritable pauvreté. Nous n'avions pas des *miser*, serfs, mais des domestiques à gages. Dans notre village vivaient environ une centaine de familles, chacune cultivant un morceau de terre qui lui appartenait. Nous devions payer une certaine somme d'argent en guise d'impôt au gouvernement chinois, dont le représentant local était Ma Pu-fang *.

La plupart des habitants de la région étaient des fermiers, mais certains commerçaient aussi. Ceux-là voyageaient avec des coffres de marchandises, passant dans les villages pour vendre des allumettes, du

---

* Amdo est situé aux confins de la Chine, et ses frontières ont été pendant longtemps un sujet de conflit. Bien que la région fût peuplée principalement de Tibétains, les Chinois la réclamaient, l'appelant Chinghai. Depuis le XVIIIe siècle, ses rois et seigneurs de guerre avaient été souvent soutenus par le gouvernement chinois. Durant les premières années de la vie de Diki Tsering, la région était dirigée par le musulman Ma Pu-fang, seigneur de guerre chinois, soutenu par les républicains chinois.

savon, du fil, de la laine et d'autres denrées de base. On utilisait peu l'argent, et on payait avec de l'orge, du froment et d'autres articles de troc semblables.

Dans la ville, on trouvait de petites échoppes vendant des articles de base, comme du thé et du tissu. Nous payions là aussi avec de l'orge ou d'autres produits de la ferme. Le long des routes étaient installées des tavernes et des auberges. Je me souviens des arômes délicieux qui embaumaient l'air aux alentours.

6

Les plats du pays

La fierté de toute épouse était la cuisine. Les pièces qui y étaient affectées étaient très grandes, avec des murs bâtis en pierre. Les aliments étaient cuits sur une pierre, parfois longue de 2,5 à 3 mètres, percée de huit à dix trous de cuisson. On remplissait le fourneau avec du fumier de chèvre séché, par un grand trou sur le côté qui servait aussi à allumer le feu. Chaque soir, on y déversait trois grands récipients de combustible. Le lendemain matin, on y faisait cuire un pain traditionnel, appelé *kunguntze*.

Le pain occupait une place importante dans notre alimentation. Nous préparions aussi du *timomo*, des boulettes à la vapeur, en utilisant six récipients à vapeur en bambou, superposés. Un autre type de pain, le *kansbo*, était cuit dans le four. On étalait dans le fourneau du sable blanc sec, qu'on recouvrait de bois. Lorsque le sable et le bois rougissaient, on plaçait la pâte dans le feu. Le pain ainsi cuit était délicieux, ne brûlait jamais, et prenait toujours une belle teinte brun dorée. Le pain appelé *kuki* se préparait dans un récipient en terre cuite, qui passait deux heures sur le feu. Ce pain, d'une couleur rougeâtre grâce à l'addition de poudre de safran, contenait de la mélasse et des noix.

Nos journées étaient très remplies. Les épouses préparaient la nourriture pour toute la famille, ainsi que pour les domestiques. Toutes les femmes de la maisonnée aidaient. Le matin, nous donnions aux domestiques du *timomo* et du *tsampa* avec du thé. Parfois, nous leur servions du porridge avec du lait et du sel. Le *yemmi*, plat typique de Tsongkha, était une sorte de pain croustillant, cuit à sec dans du sable, des cendres ou du bois. Lorsque ce pain était au menu, nous devions en préparer plus d'une centaine.

Le déjeuner était porté aux travailleurs dans les champs – soixante couches de *timomo*, de cent cinquante à deux cents boulettes. Le soir nous servions des nouilles et de la soupe, cuite dans un énorme récipient qui pouvait contenir jusqu'à trois cents bols. Nous n'utilisions jamais des casseroles ou des ustensiles en aluminium ou en étain – on nous aurait appelés mendiants le cas échéant. Nous avions des pots de fer ou d'argile.

Nous préparions de nombreux types de *tsampa*, à base d'orge, d'avoine et de pois. Quand il faisait très froid, le *tsampa* constituait notre plat principal. Nous servions parfois aux domestiques une sorte de *tsampa* cuit dans de l'huile, qu'ils préféraient parce qu'il coupait la faim pendant de longues heures. Les laboureurs dépensaient quantité d'énergie en travaillant dans les champs.

Les plats typiques de l'Amdo, le *ranfan* et le *chowtan*, étaient préparés exclusivement à base d'orge. L'orge était cuit dans un peu d'eau et touillé vigoureusement jusqu'à ce qu'il se transforme en une pâte épaisse. Amdo est la seule région du Tibet où on connaît ce genre de plats.

On mangeait de la viande seulement deux fois par semaine. Le ragoût en contenait quinze à vingt kilos. Pour la Nouvelle Année, on embauchait un boucher pour l'abattage des cochons, car les tuer soi-même était un péché. On abattait aussi parfois des yaks et des moutons. La viande était séchée dans une pièce spéciale sous le toit, où nous l'accrochions.

Dans mon enfance, j'étais surexcitée lorsque les femmes de la maisonnée préparaient nos nouilles locales, *thukpa*, qui faisaient la renommée de l'Amdo. En été, nous mangions les nouilles froides, en hiver nous les faisions bouillir dans la soupe. Pour moi, l'instant le plus marquant de la préparation de ce plat arrivait quand j'allais dans la cour de derrière hacher de l'ail et des piments. Là, personne n'entendait le bruit que je faisais, je pouvais donc rester longtemps après l'heure du coucher sans qu'on me découvre. Mon grand-père me réprimandait alors affectueusement, en me disant : "Regarde-toi, tu sens l'ail. Que vont dire les autres ?"

7

Dialectes et vêtements

Dans l'Amdo, on parlait de nombreux dialectes. Comme nous venions de Tsongkha, nous parlions son dialecte, quoique mes parents connussent aussi celui de l'Amdo. Il y a pas mal de différences entre les deux. À Tsongkha, où vivaient un grand nombre de Chinois, les jeunes conversaient en chinois et oubliaient souvent leur dialecte amdo natal. À Guyahu, les personnes âgées utilisaient l'amdo, tandis que les jeunes parlaient chinois. Il n'y avait pas d'éléments communs entre le chinois et le dialecte amdo. Bien que nous puissions comprendre un mot ou deux, leur langage sonnait comme un tibétain incorrect.

Après le départ des musulmans de la région, la population était majoritairement formée d'Amdos et de Chinois, avec quelques tribus, des nomades qui s'occupaient des yaks et fabriquaient du beurre et du fromage. Je me souviens encore des différences qui nous séparaient, particulièrement en ce qui concernait le style des vêtements. Nous, les femmes amdos, arborions notre *hari* traditionnel (une coiffure en forme de vase, parsemée de bijoux, descendant jusqu'à la taille). Les Chinoises portaient une coiffure appelée *baochidue*, tissu en laine couvrant leur nuque. Elles attachaient leurs cheveux dans le style *dzachiba*, un chignon pointu sur la nuque, décoré de crin de cheval. On y ajoutait des ornements d'argent et d'or, selon la fortune et la classe sociale. Elles portaient aussi le *jalung* et le *tungduntze*, similaires au *hari*, faits en tissu et attachés à leur chevelure nattée.

J'ai entendu dire que les Amdos avaient emprunté beaucoup de leurs coutumes aux Chinois, particulièrement en ce qui concerne les styles vestimentaires, mais je doute que ce soit vrai. Les Chinoises portaient des vêtements longs, pourvus de ceintures et de boutons, tandis que les femmes amdo arboraient la robe traditionnelle tibétaine, le *chuba*, que je porte encore aujourd'hui en Inde. En hiver, nos robes étaient doublées de fourrure et munies d'un épais rembourrage de coton. Le bas s'ornait d'une bordure de couleurs variées – blanc, rouge, jaune et vert –, en dessous de laquelle on ajoutait une lisière de fourrure de loutre. Dans ma région natale, les femmes ne portaient jamais les tabliers traditionnels, *pangdens*, dont se paraient les dames de Lhassa.

Les bijoux étaient un impératif pour les femmes. On portait des bagues à tous les doigts. Nos oreilles étaient percées de deux trous chacune, l'un au-dessus de l'autre. Le trou inférieur était destiné à une boucle d'oreille longue d'environ treize centimètres, tandis que celui supérieur était orné d'une boucle plus petite. Le joyau le plus important était le *hari*. Après mon mariage, je portais d'ordinaire le *lenpai hari*, et aussi un *tangyo*, ceinture attachée au *hari*. En plus, nous arborions le *jalong*, deux rabats de tissu destinés à attacher la chevelure, allant de la taille jusqu'au sol, décorés d'argent, de turquoise et de corail. Nous revêtions aussi le *rawang*, sorte de manteau pourvu de deux rabats étroits de chaque côté et d'un large rabat central. Tous ces articles vestimentaires étaient réservés à l'usage exclusif des femmes mariées.

En nous levant le matin, nous nous parions immédiatement du *hari*. Il nous était interdit d'entrer dans la chambre réservée à la prière sans le porter. Une femme n'était pas autorisée à retirer son *hari* en présence d'une personne âgée, même s'il s'agissait de son beau-père ou de sa belle-mère. En fait, une femme mariée n'avait pas le droit de se couvrir la tête en présence de ses beaux-parents, même pas d'un foulard, si fort que fût le soleil, car c'était une manifestation d'irrévérence. Même quand elles travaillaient dans les champs, les femmes ne pouvaient pas porter de coiffure, sauf si elles étaient toutes seules. Dans ce cas, elles pouvaient se couvrir d'un foulard. Ces foulards étaient en toile, pliée en quatre, et on les attachait avec les nattes.

Tant les hommes que les femmes portaient les cheveux longs, nattés. Lorsqu'on travaillait, il était plus pratique d'enrouler la tresse autour de sa tête. Mais dès qu'un ancien s'approchait, les tresses étaient déroulées et laissées pendre dans le dos, en signe de respect.

La chevelure des femmes était nattée en quelque soixante-dix minces tresses. Il fallait toute la journée pour décorer la chevelure et la tresser, après l'avoir lavée. Nous tressions quelque cinquante nattes de part et d'autre de la tête, et vingt plus épaisses sur la nuque. Nous nous lavions les cheveux une fois par semaine, et les tresses étaient refaites jusqu'à la fois suivante. Si nous avions beaucoup de travail, les tresses restaient telles quelles pendant tout un mois.

Nos bottes, appelées *yohai.*, étaient différentes des *sombas* des autres femmes tibétaines. Les nôtres étaient ornées de broderies compliquées et se nouaient aux genoux. La semelle, faite de chanvre recouvert de tissu, était épaisse d'environ cinq centimètres. Nous confectionnions nous-mêmes ces semelles. La partie supérieure des bottes pouvait être en brocart, en soie ou en divers autres tissus, qui étaient ensuite brodés. En été, comme nous étions des paysans, nous marchions pieds nus. En fait, si nous mettions des chaussures à cette époque de l'année, les anciens du village se moquaient de nous, nous appelant "grands-mères".

Dans mon enfance, les vêtements que je portais étaient pratiquement identiques à ceux des adultes, à l'exception du *hari*. Les petites filles nattaient leur chevelure en cinq tresses – deux petites de part et d'autre de la tête, et trois dans le dos. Les ceintures de nos robes étaient placées un peu au-dessus de la taille.

8

Fêtes traditionnelles

La plus grande fête de l'année était le Losar, la Nouvelle Année tibétaine. Des préparatifs compliqués étaient entrepris pour cette fête qui débutait après le huitième jour du douzième mois. Vingt jours durant, nous préparions des nouilles, des pâtisseries, des rouleaux, du *kabse* et du *timomo*. Nous laissions congeler ces plats naturellement et les empilions dans la réserve jusqu'au moment de leur consommation.

À cette époque de l'année, nous cuisions du pain pour les trois mois suivants. Ces pains étaient rangés ensuite en piles, puis laissés se congeler. Lorsqu'on voulait le manger, on plaçait le pain le soir précédant le repas dans un plat et on le chauffait un peu. Si on oubliait, le lendemain il n'y avait pas de pain à table, car celui-ci était aussi dur qu'une pierre.

À la veille de la Nouvelle Année nous faisions cuire une tête de cochon et bouillir un peu de viande de mouton et de porc (nous ne mangions ni volaille, ni poisson). Nous invitions ensuite tous nos amis et parents au dîner, où l'on servait des nouilles et de la viande. Personne ne dormait la veille de la Nouvelle Année. Nous buvions du vin et nous nous amusions toute la nuit. J'étais si heureuse ce jour-là, comme tous les enfants, si excitée par l'idée que c'était Losar ! Je demandais encore et encore : "Le soleil s'est-il levé ? Le soleil s'est-il levé ?", car c'était là le signe de début des festivités.

Pour sortir, nous revêtions nos vêtements les plus neufs et les plus beaux, et nous parions nos chevaux des brides et des selles les plus ornées. Nous faisions éclater des pétards et tirions des coups de feu, en chantant et en criant *Lha gyal lo*, invocation festive signifiant "Fortune aux dieux". Nous rendions visite à tous nos amis et leur offrions des cadeaux, principalement du pain et des pâtisseries. À Losar, les enfants devaient se prosterner devant leurs parents, grands-parents et autres anciens, touchant trois fois de la tête et du corps le sol. Nous présentions ensuite nos cadeaux de pain et nous nous souhaitions réciproquement *Tashi deleg*, "bonne chance". Si des lamas étaient aux alentours, nous demandions tous leur bénédiction.

Le second jour du Losar, nous effectuions un pèlerinage d'une journée pour visiter des endroits sacrés. Tout le monde prenait du bon temps jusqu'au quinzième jour. Les hommes s'amusaient à des parties de mah-jong et de dés, les jeunes gens chantaient et dansaient, les enfants jouaient à toutes sortes de jeux, parmi lesquels *sham-liu*, la balançoire. Après le quinzième jour du premier mois, les personnes âgées et celles qui ne travaillaient pas continuaient à s'amuser, tandis que les jeunes et les domestiques reprenaient le travail. À Lhassa, après le second jour du Losar, le silence enveloppait la ville entière en raison du Monlam, la Grande fête de la prière, qui débutait à cette époque. Cette coutume n'existait pas dans l'Amdo.

La fête suivante prenait place le deuxième jour du deuxième mois. Ce jour-là, nous nous rendions au marché, acheter et vendre des chevaux. Il y avait ce jour-là des courses de chevaux. Cette fête était spécifique à Tsongkha et n'avait d'équivalent en aucune autre partie du Tibet.

Le huitième jour du quatrième mois se déroulait une fête assez bizarre. Les oracles entraient en transe et faisaient des prédictions. Les couples stériles se soumettaient à un rituel de fertilité, récitant des prières spéciales et allant chercher de l'eau avec un seau trente à cinquante fois, en répétant sans discontinuer qu'ils désiraient un enfant.

Le cinquième jour du cinquième mois était consacré au vin et à la dégustation de celui-ci.

Le sixième jour du sixième mois, tout le monde allait pique-niquer dans une région où jaillissaient des sources minérales, très salutaires à la santé. Les sources exerçaient une action bénéfique sur l'estomac, les yeux, les cheveux et les pieds. Sur la colline, il y en avait 108. Les filles et les femmes s'y rendaient en un groupe, les garçons et les hommes en un autre. Chaque groupe emportait même des aliments différents. En arrivant aux sources, les deux groupes échangeaient leurs provisions et se chantaient mutuellement des chansons. Ces chansons pouvaient être chantées seulement dans les collines, ce jour-là uniquement. Elles étaient interdites à la maison. On passait ainsi toute la journée, sous des ombrelles multicolores. Comme nous étions heureux alors, sans soucis ou inquiétudes !

Le quinzième jour du huitième mois, on échangeait entre amis et parents des pâtisseries *yubin*, des gâteaux de la lune. Le soir, entre six et sept heures, nous disposions joliment les gâteaux sur des plateaux, en les garnissant d'un assortiment de fruits. Nous placions ensuite les plateaux sous les rayons de la lune, comme des offrandes, puis nous allumions des lampes au beurre à l'intention des dieux et nous nous prosternions trois fois devant la lune. Nous étions alors autorisés à manger les gâteaux et les fruits. Nous, les enfants, nous nous glissions silencieusement à côté des plateaux et quand personne ne regardait, nous remplissions nos poches de friandises.

Durant la domination mongole de la Chine, le peuple détestait énormément les gouvernants, et des organisations secrètes avaient vu le jour. Une révolte contre les Mongols avait été organisée à la veille de la fête de la lune – on s'était servi de gâteaux pour transmettre des lettres et des messages indiquant le jour choisi.

Le vingt-neuvième jour du neuvième mois était réservé aux tanneurs, aux vendeurs de fourrure et de cuir. On apportait des offrandes au dieu patronnant cette fête, afin que le temps se refroidisse et que les gens viennent acheter des fourrures.

Au dixième mois, un jour était consacré aux moines, invités dans les maisons pour réciter des prières, et à l'offrande des lampes à beurre. Le soir, on se rendait au monastère voisin en apportant de l'huile destinée à alimenter les lampes à beurre. Comme les moines récitaient des prières dans chacune des maisons des alentours, les familles leur préparaient à manger à tour de rôle. Le soir, tous les enfants prenaient leurs bols et couraient à la maison où se tenaient les prières. Ils trouvaient là un grand pot rempli de nouilles. Chaque enfant avait droit à un seul bol. Les adultes se servaient dans un autre pot. Cette fête durait huit jours.

Le neuvième jour du onzième mois, nous devions sauver un cheval et un mouton du couteau du boucher. Après trois jours de prières nous offrions les animaux sauvés aux moines. Également, nous cuisions du pain pour les moines de Kumbum, qui récitaient des prières pour nous.

9

Hanté par des fantômes

Lorsque j'étais petite fille, j'aimais les histoires, comme tous les enfants. Nous nous rassemblions autour de mon grand-père et écoutions les contes populaires. Même les adultes venaient entendre les histoires de mon grand-père. L'atmosphère était tellement intime ! Les femmes cousaient et tricotaient, nous, les enfants, nous nous donnions à cœur joie. J'ai hérité le talent de conteur de mon grand-père, et après mon mariage j'ai souvent rassemblé autour de moi mes enfants et les enfants de mes voisins pour leur raconter des histoires.

Les villageois croyaient à l'existence des fantômes et étaient superstitieux. La plupart des gens avaient rencontré des fantômes. Un de ces fantômes, le *kyirong*, pouvait prendre une diversité de formes : garçon, fille, chat poilu. Je l'ai rencontré de nombreuses fois, et à quatre reprises il m'a fait beaucoup souffrir.

Une fois, alors que j'étais gravement malade, le *kyirong* m'est apparu en rêve sous la forme d'une petite fille. Celle-ci m'a apporté un grand bol de thé chinois et m'a donné un léger coup sur la tête. Je me suis réveillée à cause du bruit au moment où elle m'a frappée, bien que je n'aie ressenti aucune douleur. La petite fille m'a alors invitée à boire le thé chinois, que j'ai refusé. Lorsque j'ai tenté de me lever, j'ai remarqué que le bol était rempli de sang. Elle s'est alors glissée vers la porte, en riant tout le temps, et a disparu.

À Tsongkha, il y avait une maison où vivait en permanence un *kyirong*. La famille était prospère, mais personne n'acceptait de donner ses filles en mariage aux membres de la maisonnée. Si belles et si intelligentes que fusent ses filles, elles n'avaient jamais de prétendants, car les gens en avaient peur. Exaspéré, le chef de cette famille a fini par fabriquer un fouet avec la laine d'un mouton et l'a brandi dans sa maison, en disant : "Que tu sois noir ou blanc, montre-toi immédiatement. C'est seulement à cause de toi que mes enfants n'ont pas de soupirants." Cette action a effrayé terriblement le *kyirong*, qui a été forcé de quitter la maison. Par la suite, les enfants de cette famille ont pu contracter mariage. J'ai entendu dire que ce même fantôme abordait les gens sur les routes, en leur racontant qu'ils n'avaient aucune idée de ce que c'était d'être privé de liberté. Il disait être rempli de nostalgie pour sa maison.

Le *kyirong* a aussi laissé sa marque sur Lhassa. Nous avions acheté un bon coursier à la famille propriétaire de la maison où vivait ce *kyirong* et nous l'avions emmené avec nous à Lhassa. Certaines de nos relations avaient rencontré le *kyirong*, qui leur avait affirmé qu'il accompagnait le cheval à Lhassa. À cette époque, j'ai fait un rêve dans lequel un homme entrait dans nos écuries, puis les quittant en montant notre cheval, malade à ce moment-là. Quand j'ai raconté ce rêve à mon mari, celui-ci a été certain que le cheval allait mourir. Effectivement, à la tombée de la nuit le cheval s'est éteint.

Le *kyirong* pouvait se montrer vraiment déplaisant. S'il ne vous aimait pas, il mettait votre maison sens dessus dessous et sortait tous vos meubles et vos ustensiles de cuisine dans le jardin. Il chamboulait tout ce qui se trouvait dans la cuisine, renversant d'énormes sacs de pois et de farine et faisant des ravages. Ce fantôme entendait et comprenait tout ce qu'on lui disait. Il répondait en riant et en gloussant. Il volait de la nourriture, mais jamais de l'argent.

Une fois, alors que je prenais le thé avec ma fille, j'avais demandé à celle-ci de m'apporter un reste de rôti de mouton. Quand elle s'est rendue au garde-manger, le plat avait disparu, le *kyirong* l'avait pris. Parfois, quand nous préparions des boulettes, il arrivait que les couches supérieures du récipient à vapeur soient intactes, mais que les couches inférieures aient disparu.

Dans ma région natale, un *kyirong* vivait dans la maison d'un voisin. Il avait imploré le propriétaire de le garder, lui promettant de lui procurer en retour tout ce qu'il désirait. Un cordonnier musulman venu séjourner dans la maison pendant dix jours, pour fabriquer des chaussures et des bottes, avait remarqué la présence d'une pièce toujours fermée. Personne n'entrait ni sortait, et pourtant on entendait à l'intérieur un grondement sourd, comme si quelqu'un dormait profondément en ronflant. Le cordonnier comprit immédiatement que le *kyirong* était installé dans cette pièce. Un jour, quand le maître sortit pour se rendre aux champs, le cordonnier ouvrit la porte de cette pièce pour y jeter un coup d'œil. À son horreur, il aperçut un chat de la taille d'un tigre, avec de longues moustaches blanches, dormant sur le dos, comme un être humain.

J'ai eu autrefois une domestique dont la tante, après de nombreuses années de mariage, avait mis au monde un garçon. Une nuit, celle-ci avait découvert son bébé mort, le cou tordu. Plus tard, le *kyirong* avait raconté aux gens qu'il avait tué le bébé, car il était jaloux de l'affection que les parents manifestaient à cet enfant.

Les décès de quatre de mes enfants sont à mettre sur le compte de ce fantôme. Après la naissance de mon fils Norbu, j'ai eu deux autres garçons, tous deux morts en bas-âge (Norbu est mon second fils, né en 1922). Dix jours après sa naissance, un des garçons montra les premiers signes d'une grave infection oculaire. Ses yeux enflèrent, au point qu'il ne pouvait même plus les ouvrir. La nuit, couchée près de lui, j'ai entendu de lourds pas martelant le toit. Les pas sont descendus vers la fenêtre, puis la porte s'est ouverte toute seule et le *kyirong* s'est tenu près de moi. Effrayée, j'ai vite allumé quelques lampes à huile. J'ai pris mon bébé dans mes bras, en pensant que si je le tenais le fantôme ne pourrait pas lui faire du mal. Les lampes ont vacillé de plus en plus, puis je suis restée dans le noir. J'ai perdu tout sens de la réalité et du temps. Après un moment, j'ai entendu au loin le son des pleurs d'un enfant. À mon horreur, en ouvrant les yeux, je me suis rendue compte que mon bébé était à trois mètres de moi, sur le plancher, pleurant. Les lampes étaient de nouveau allumées, et j'étais toujours assise. Je ne sais pas comment mon enfant s'était retrouvé sur le plancher.

Après cet incident, mon fils a été très malade pendant presque deux semaines. Il pleurait sans cesse et rien de ce que je pouvais faire ne le réconfortait. Au matin, j'ai remarqué des écorchures ensanglantées sur ses paupières et sur le pourtour de ses yeux, et des taches de sang sur ses joues. Trois semaines plus tard il a cessé de pleurer, mais il était comme inanimé. Lorsqu'il put finalement ouvrir les yeux, j'ai constaté avec horreur que leur couleur était passée de brun à bleu. Il était aveugle.

Après un temps, ce fantôme est revenu chez nous, cette fois-ci sous la forme d'un vieillard. Suite à cette visite, les yeux de mon fils se sont mis de nouveau à enfler. Les yeux de ma fille aînée étaient aussi affectés. Une tumeur s'est développée dans son œil, qui n'a jamais disparu. Cette fois-ci, la maladie de mon fils lui a été fatale. Il avait seulement un peu plus d'un an lorsqu'il est mort.

Peu de temps après, j'ai donné naissance à un autre garçon. C'était la joie de nos cœurs. Il était beau et vif, mais les enfants du voisinage en avaient peur, je ne sais pas pour quelle raison. S'ils voulaient jouer autour de notre maison, ils demandaient d'abord si ce petit garçon était dans les parages. Si c'était le cas, ils se sauvaient et se cachaient. C'était un enfant très actif, toujours accroché à mes jupes, à quémander des sucreries. Malheureusement, le *kyirong* condamna notre petit. Celui-ci attrapa bientôt la diarrhée, sans motif apparent. Il fut malade une seule nuit, puis mourut. Il avait dix-huit mois.

La nuit où il s'est éteint, la tante de mon mari rêva qu'un étranger nous avait rendu visite, et avait emporté sur son dos notre petit garçon en partant. Elle comprit immédiatement qu'un malheur était survenu. Ce *kyirong* s'est avéré être l'expérience la plus effrayante de ma vie.

10

Le mariage

Pendant mon enfance, malgré le nombre des corvées et le travail à effectuer, j'ai été extrêmement heureuse. Mais après mon mariage, à l'âge de seize ans, j'ai vécu des moments extrêmement difficiles. Cependant, j'ai reçu une éducation bouddhiste, et je crois donc que pour vivre une vie accomplie et indépendante, la souffrance est nécessaire. C'est ainsi qu'on grandit et qu'on devient non seulement adulte, mais intégralement humain. Ce fut surtout ce credo essentiel qui nous a sauvées, nous, les femmes, du désespoir et du sentiment d'impuissance. Cette foi a préservé mon esprit durant les premières années pénibles de mon mariage. Sans cette force, j'aurais succombé à une existence d'affliction.

On enseignait aux filles que leur seule perspective d'avenir était le mariage et une vie de travail ardu. Nous menions une vie rigoureuse, réduite au strict minimum, dépourvue de distractions ou d'amusements. Nous pouvions parfois assister à des pièces de théâtre populaire, mais même à ces occasions-là nous devions être chaperonnées par nos parents. On ne nous permettait jamais de sortir seules. Dans les auberges, on ne nous permettait même pas de toucher la nourriture, car tous les cuisiniers étaient Chinois et mon père était persuadé qu'ils servaient de la viande d'âne. À l'âge de la puberté, s'il y avait des hôtes dans la maison, nous devions rester dans nos chambres à travailler. On ne nous permettait jamais de nous mêler à nos invités, même pas pour satisfaire notre curiosité.

Les mariages étaient toujours arrangés. Le vocabulaire de l'Amdo désignait cet arrangement par le terme *lonhchang*, "quémander une épouse". Un intermédiaire était envoyé chez les grands-parents demander leur consentement, plus important que l'accord parental. On s'adressait ensuite au *ngagpa*, l'astrologue, pour que celui-ci détermine si le mariage envisagé était ou non souhaitable. Si après une divination, *thudam*, et un examen des horoscopes des deux parties sa réponse était positive, on s'entendait sur le mariage. L'astrologue était un lama, et ses paroles étaient toujours prises très au sérieux. J'ai eu de nombreux prétendants durant mon adolescence, mais à chaque fois que ma famille avait consulté le *ngagpa*, celui-ci avait rejeté le mariage, le considérant inapproprié.

Les mariages, contractés entre deux familles comme une sorte d'alliance, étaient décidés lorsque nous étions très jeunes, huit à neuf ans. On pouvait même décider des mariages alors que les enfants n'avaient qu'un ou deux ans. Deux amies, par exemple, pouvaient décider de marier leurs enfants avant même la naissance de ceux-ci, à condition bien entendu qu'ils soient de sexes différents. Lorsqu'une fille atteignait l'âge de quinze ou seize ans, l'homme la demandait officiellement en mariage, affirmant qu'il lui fallait une personne pour prendre soin de sa maison.

En envisageant des fiançailles, on mettait grandement l'accent sur la position économique de la famille, ainsi que sur des facteurs comme le caractère, particulièrement celui de la mère de la fille. On considérait que si la mère était gentille, la fille le serait aussi. Tous les habitants de l'Amdo étaient travailleurs et accordaient beaucoup d'importance à l'honnêteté. En se renseignant à propos d'une famille, on demandait : "Les os sont-ils propres ?" Les familles aspiraient généralement au mariage dans des familles dont la position était plus élevée que la leur. Cependant, un garçon intelligent appartenant à une famille pauvre était considéré un bon parti. Les mariages entre membres de la même famille étaient interdits, si éloignée que soit la parenté.

Lorsque mon époux était très jeune, ses parents avaient établi un *thudam* pour lui dans un monastère. Le lama avait déclaré qu'il serait de bon augure pour lui de devenir moine, car dans le cas contraire il risquait de disparaître prématurément. (Curieusement, ce verdict s'est avéré juste, car il est décédé relativement jeune.) Les parents de mon époux ont préféré ignorer les prévisions du *thudam* et ont convaincu leur fils de se marier. Celui-ci a consenti, car il n'y avait personne à la maison pour aider ses parents âgés.

J'ai été recommandée à la famille de mon mari par un de nos voisins. Mes grands-parents ont été contactés, et ils ont fait établir un *thudam*. La réponse a été favorable, précisant qu'au début le mariage s'avérerait difficile, pour devenir par la suite très heureux. Cette demande en mariage a ravi ma grand-mère. Parmi ses très nombreux petits-enfants, j'étais celle qu'elle appréciait le plus, et elle était enchantée de me voir me marier dans la famille de Taktser Rinpoché, réputée excellente. Durant une fête à Kumbum, elle avait rencontré deux des filles de cette famille, qui lui avaient semblé très intelligentes et très bien élevées.

Il fut donc décidé que j'allais épouser le neveu de Taktser Rinpoché. Lors de la première proposition, j'avais treize ans. L'intermédiaire chargé de l'offre était un vieil homme, venu apporter des écharpes de cérémonie et des cadeaux pour nous – des rubans pour les cheveux, des tissus pour des robes, du brocard pour des ornements de ceinture – comme l'exigeait la coutume. Il a aussi offert à tous les membres de la famille une tasse de *chang*, bière d'orge. Cette petite cérémonie symbolisait le consentement mutuel des deux parties au mariage prévu.

Personnellement, je n'étais absolument pas d'accord. J'ai dit à mes parents que je ne voulais pas me marier, que je voulais rester à la maison et m'occuper de ma grand-mère. Lorsque j'étais très jeune, un astrologue avait déclaré à mon grand-père que je ne devais jamais me séparer de ma famille. Si mon grand-père m'envoyait me marier au loin, la malchance risquait de s'abattre sur la famille. Mais mes parents ont rejeté les dires de l'astrologue en argumentant qu'ils devaient garder à la maison mes frères et les épouses de ceux-ci et qu'ils étaient dans l'impossibilité de se charger également d'une fille et de son époux. Mes grands-parents et mes parents m'ont annoncé qu'ils avaient consenti à mon mariage et que je quitterais la maison, tout comme ma jeune sœur l'avait fait avant moi. J'ai essayé d'insister, mais sans succès. Ma grand-mère plaisantait en disant que si je restais à la maison j'allais bientôt "voler au-dessus de leurs têtes", autrement dit m'emparer de la maisonnée. Aujourd'hui, si une fille ne veut pas épouser l'homme que ses parents lui ont choisi, elle dit non, mais à mon époque les filles étaient très naïves.

Mon trousseau pour le mariage comprenait des vêtements et des chaussures, des boucles d'oreille et des bagues. À cette époque, le mariage d'une fille était chose compliquée. On devait confectionner trente-cinq paires de chaussures, en plus des trente-deux ensembles de vêtements. Pendant trois ans, ma mère a cousu de ses mains mes vêtements, mes chaussures et les autres objets essentiels que je devais emporter, tout en s'occupant des corvées domestiques. J'étais en admiration devant le travail de ma mère, couturière et brodeuse exceptionnelle. Ma mère a tout fait toute seule, depuis les coiffures jusqu'aux semelles de mes bottes. Lorsqu'elle terminait un habit, elle le pliait soigneusement et le rangeait dans un coffre. Elle ne permettait à personne de toucher les vêtements qu'elle avait cousus. Par exemple, si une femme enceinte touchait un objet appartenant au trousseau d'une jeune mariée, on y voyait un signe d'extrême malchance, imposant le recours à des rituels de purification.

Lors de mes quatorze ans, mon futur beau-père est venu chez nous pour demander que le mariage soit conclu immédiatement, car sa femme et lui se faisaient vieux et souhaitaient voir leur fils établi, en plus d'avoir quelqu'un à la maison qui s'occupe d'eux. Leurs deux filles avaient fait venir leurs époux dans la famille, car il n'y avait qu'un seul garçon. Mais ceux-ci ne restaient jamais à la maison et étaient même hostiles envers leurs beaux-parents. Cette situation rendait les filles très malheureuses, et cela affectait l'accomplissement de leurs devoirs domestiques. Toutefois, mes parents ont pris prétexte de mon jeune âge et du fait que je ne savais pas bien diriger une maison pour reporter le mariage à l'époque de mes seize ans.

Les plans de mariage étaient parachevés à l'aide d'un intermédiaire, émissaire de la famille du marié. À son arrivée dans la maison de la fiancée, on lui ôtait brusquement son chapeau et on lui jetait un seau d'eau. Son couvre-chef était orné d'un radis, de pain grillé et de deux queues de mouton, cousus avec un épais fil coloré. Toutes les femmes l'attendaient à la porte, leurs longues manches remplies de *tsampa*. En chantant et en dansant, elles lui jetaient le *tsampa* au visage. Parfois, elles frottaient de cendres et d'huile ses vêtements et son visage. Ce semblant d'opposition symbolisait la tristesse de la famille et sa répugnance à se séparer de sa fille.

Les fiançailles et le mariage se déroulaient à quelques mois d'intervalle. Dans mon cas, ce fut deux mois. Les préparatifs du mariage ont été achevés au cours de cette période par les parents de mon père et de ma mère. Durant ce laps de temps festif, on préparait une diversité de plats, on dégustait du vin, et on invitait tous nos voisins, amis et connaissances à participer en chantant aux préparatifs.

Je me suis mariée au cours du onzième mois de 1917. Cette date avait été choisie par l'astrologue après interprétation de nos horoscopes. De nombreuses prières ont été récitées pour s'assurer auprès des dieux qu'aucun mal ne survienne à la mariée et à son cortège durant le voyage jusqu'à l'endroit des noces.

Juste avant le mariage, mes beaux-parents m'ont offert presque une vingtaine d'articles d'habillement – robes, chaussures et *haris*. La coutume exigeait qu'en quittant sa maison natale la fiancée porte les vêtements offerts par la famille de son fiancé. Mes beaux-parents ont aussi envoyé le cheval que je devais monter. Si la famille du fiancé était prospère, elle faisait certains présents coutumiers. Le beau-père offrait un bon cheval, la belle-mère une *dzomo* (un *dzo* femelle) à la mère de la jeune mariée, pour qu'elle puisse boire du lait. On plaçait sur la *dzomo* du brocart fin et sur le cheval des écharpes de cérémonie.

Le soir précédant le mariage, on m'a lavé les cheveux, qui ont été coiffés ensuite par une fille dont l'horoscope de naissance était en harmonie avec le mien. J'étais née l'année du Bœuf de Fer, la fille qui lavait et coiffait mes cheveux devait donc être née l'année du Chien, de l'Oiseau ou du Bœuf. Toutes les femmes de ma famille m'ont alors attaché les cheveux avec un fil noir et ont refusé de nouer mon *hari*, pleurant sans cesse dans une grande exhibition de chagrin. Je n'étais pas autorisée à entrer en contact avec des femmes enceintes ou des veuves.

Les invités sont arrivés de bonne heure et se sont réjouis toute la journée. Le lendemain, je suis partie pour la maison du fiancé. L'heure du départ avait été déterminée par l'astrologue, six heures du matin. Quatre ou cinq femmes sont venues m'escorter, choisies pour leurs talents de chanteuses. Habillée pour le voyage, je les attendais assise sur le *kang*. Lorsqu'elles sont entrées, je me suis levée, et les femmes ont entonné "Tu dois bien t'habiller, porter correctement ta ceinture, sinon à l'avenir, quoi que tu fasses, tu n'arriveras jamais à la porter comme il faut. Si ta robe est de travers, elle le sera toujours." Toutes les femmes, moi-même y compris, sanglotaient.

Les femmes qui m'escortaient m'ont exhortée à faire mes adieux à ma famille et à notre divinité familiale. Tous ces ordres étaient donnés en chantant. Je me suis rendue dans la chambre de l'autel, devant lequel je me suis prosternée trois fois. J'ai fait de même dans la cuisine. Je suis ensuite sortie dans la cour, où des bannières de prière flottaient à la pointe d'un grand mât. Je l'ai contourné trois fois, puis j'ai enfourché mon cheval. On m'a tendu un châle rouge en laine pour me couvrir, afin que personne ne puisse voir mon visage et mes mains. Je n'avais pas le droit de regarder autour de moi et je devais me blottir sur mon cheval. Puis, mon cheval encadré de deux femmes qui chantaient, nous nous sommes mis en route pour la maison de mon fiancé.

Mon père et mes frères m'accompagnaient jusqu'à ma future maison. Ma mère et les autres membres de la famille devaient rester chez nous. En me voyant m'éloigner, mon père répétait dans une sorte de gémissement : "Sonam Tsomo, *yong wa chi*", "Sonam Tsomo, rentre à la maison." Pendant ce temps, ma mère ramassait tous les vêtements que j'avais portés le jour précédent et les faisait brûler dans le fourneau. Elle gémissait devant le feu, criant mon nom avec angoisse. Ces deux coutumes symbolisaient le chagrin de la séparation d'avec leur fille.

Tous les invités, à cheval et revêtus de leurs plus beaux habits, ont assisté à mon départ. J'emportais avec moi des vêtements, des chapeaux et des bottes pour mon fiancé, des vêtements pour sa mère, des chaussures et des présents pour son père. Si le fiancé avait des parents importants, chacun d'entre eux recevait en cadeau des vêtements. Les parents éloignés recevaient des écharpes. Si les cadeaux à offrir étaient nombreux, beaucoup de gens venaient assister la jeune mariée. Le cortège nuptial comprenait vingt à trente personnes ou, si la famille était riche, cinquante à soixante. Tout le monde chantait en cheminant.

À mi-chemin de la maison du fiancé, distante de six heures de route, les chanteuses sont retournées chez elles, et j'ai été accompagnée durant le reste du chemin par deux vieilles femmes. Lorsque mon cortège se rapprocha de la demeure du marié, la suite de celui-ci vint nous accueillir. Les gens faisaient courir leurs chevaux et se retiraient réciproquement les chapeaux pour rire. On a offert à mes accompagnateurs du thé, de la soupe bien cuite et du pain à la vapeur. Quant à moi, j'ai eu droit à quelque chose de différent : du riz sucré, bouilli avec des dattes.

Lorsque le cortège fut presque arrivé à la maison du fiancé, un vieil homme, le *janggu* ("le guide"), est venu à notre rencontre. À quelque distance de la maison, les membres de mon cortège mirent pied à terre et se rangèrent derrière moi, en conduisant mon cheval par la bride et en chantant. Sur le pas de la porte, des moines récitaient des prières et l'astrologue décida à quel endroit je devais mettre pied à terre : nord, sud, est ou ouest. Ensuite, l'astrologue badigeonna mes compagnes de lait. Moi, je couvrais mon visage du dos de mes mains. Nul ne devait me voir, et je n'avais le droit de regarder personne. Une écharpe large de huit centimètres, décorée d'argent, à laquelle étaient attachés des glands, couvrait mon front pour m'empêcher de voir.

À l'arrivée de mon cortège, celui du fiancé vint à sa rencontre et un récitatif cérémoniel commença.

Une écharpe de cérémonie fut tendue au fiancé, qui fit avancer son cheval jusqu'à l'entrée de la maison, où il me présenta une robe, une écharpe de cérémonie et une offrande de beurre. Durant ces échanges, le *janggu* entretenait sans arrêt le dialogue rituel. Le fiancé tendit ensuite la robe au vieil homme et essaya d'entrer dans la maison à dos de cheval. Après plusieurs tentatives de ce genre, alors que tout le monde le suppliait, il accepta finalement de mettre pied à terre.

Un sac de bois de chauffage, du *tsampa,* trois coffres d'orge et une tasse décorée des motifs du soleil et de la lune furent placés à la porte. Les filles qui attendaient à l'entrée et l'astrologue récitaient des prières. Mon cortège entra dans la maison par la cuisine, où tout le monde se lava le visage. Comme je ne voyais rien, les deux femmes qui m'escortaient me conduisirent en me tenant les mains jusqu'à un énorme pot de thé, fait de lait, de feuilles de thé et de sel. Quatre coupes furent disposées vers les quatre points cardinaux. Je devais remuer le thé en trois gestes, remplir et vider un pot de thé en bois trois fois, puis remplir les quatre coupes à ras bord. Cette cérémonie ouvrait les festivités.

Le cortège nuptial fut alors conduit dans la maison principale, où tout le monde fut invité à s'asseoir. Les hommes et les femmes, les personnes âgées et les enfants remplirent les pièces, et les chants commencèrent. Le cortège nuptial et les hôtes dialoguaient en chantant, une sorte de récitatif formé de questions et de réponses, par exemple : "Nous venions de loin et nous buvions du thé. Quel est le goût de l'eau ?"

Le dîner commença dans la soirée. Une fois encore, les chansons tenaient une place importante. Mon cortège chantait pour le cuisinier : "Tu n'es pas gentil, la nourriture est insipide, les radis et la viande ne sont pas cuits." La maisonnée du marié répliquait : "N'avez-vous pas honte de vous, vos estomacs sont si grands. Si tu bois une tasse de thé, tu es un être humain. Mais si tu en bois deux ou trois, c'est que tu es une vache." Ces chansons constituaient un genre de satire, les gens se taquinant réciproquement.

Après le dîner, mon trousseau fut déballé de son coffre, pour une inspection générale de l'expertise de ma mère à la broderie et à la couture. Mes effets furent alors remis à mes beaux-parents, et tout le monde quitta la maison du fiancé. Personne n'avait le droit d'y rester, même pas moi. J'ai passé la nuit dans la maison d'un voisin, avec les deux femmes qui m'escortaient. On m'a servi du riz sucré avec du lait. Je n'avais toujours pas rencontré mon futur époux.

Le lendemain, vers dix heures du matin, j'ai été ramenée dans la maison du fiancé, où se déroula une cérémonie particulière. Pour moi, le moment était venu de revêtir officiellement mon *hari*, opération effectuée hors de la maison. Bien que j'eusse arboré un *hari* pendant le voyage vers la maison du marié, je n'avais pas eu le droit de l'attacher correctement, et j'avais dû le porter ouvert des deux côtés. Après le mariage, le *hari* fut solidement attaché autour de ma taille. Le *hari* était formé de trois pièces principales, deux sur les côtés et une descendant dans le dos. La famille du marié m'avait envoyé les deux rabats latéraux, tandis que ma mère avait confectionné le rabat central. Les rabats étaient recouverts de laine qui les tenait ensemble. Cette laine fut coupée avec des ciseaux par une personne dont l'horoscope était en harmonie avec le mien. On offrait une écharpe de cérémonie et une coupe de vin à cette personne, en lui demandant solennellement de couper le *hari* d'un coup de ciseaux. Cette cérémonie indiquait que j'étais maintenant une femme mariée. Le frère de ma bellemère, Taktser Rinpoché, m'a donné mon nouveau nom, Diki Tsering.

La coutume dictait que le fiancé reste caché et enfermé quelque part durant cette étape de la cérémonie. Les gens l'appelaient et le cherchaient, mais sans succès. Je devais attendre pendant que tout le monde le cherchait. Lorsqu'ils ont fini par le trouver, ils l'ont imploré de sortir de sa cachette, lui racontant que j'étais très fatiguée, car je venais de très loin. Mon époux s'est finalement avancé et on lui a offert une écharpe de cérémonie. Mon *hari* fut complètement attaché seulement lorsque mon mari est sorti de sa chambre. Nous nous sommes vus alors pour la première fois.

Le lendemain, ma famille et moi-même sommes retournés chez nous. Avant notre départ, la famille de mon mari a offert à mes accompagnateurs divers morceaux de mouton, ainsi que du pain de fête. Ce jour-là, j'ai rencontré ma belle-mère pour la première fois. Elle m'a examiné affectueusement et m'a dit quelques mots gentils, essayant de me réconforter, puis m'a offert des bijoux. Je devais rester dans la maison de mes parents entre dix jours et un mois, en fonction de l'horoscope. Mon père allait me ramener ensuite chez mon mari.

Lorsque je suis revenue dans la maison de celui-ci, un homme et une femme m'ont accueillie à la porte, accompagnés d'une personne pure – les veuves, les veufs, les femmes enceintes ou stériles n'avaient pas le droit de recevoir une jeune mariée – pour accomplir un rite de fertilité. On m'a offert un bol de lait, que j'ai fait tourner trois fois dans le sens des aiguilles d'une montre, puis je suis entrée dans la maison. J'ai versé du *chang* pour les hommes de la famille, mon beau-père et le frère aîné de mon mari ; les grands-parents de mon époux étaient morts depuis longtemps. On m'a ensuite conduite à ma chambre, escortée par toutes les femmes de ma belle famille.

On ne m'a pas assigné de travail les quelques premiers jours de ma vie conjugale. J'ai commencé à travailler dans la maison seulement cinq jours après mon arrivée. Au début, je ne partageais même pas une chambre avec mon époux, je restais avec les femmes. Nous avons commencé notre vie commune après quelque trois semaines. À l'époque de mon mariage, mon époux avait dix-sept ans.

Dès qu'une fille était mariée et recevait sa part des biens familiaux, elle cessait d'être sous la responsabilité de ses parents et devait allégeance à sa belle-famille et à son époux. La plupart des familles, pour des raisons pratiques, répugnaient à se séparer de leurs belles-filles, même pour peu de temps. Bien qu'une fille ait le droit de retourner chez ses parents pour des visites de deux ou trois mois, la famille de son époux devait trouver une remplaçante, généralement une domestique, qui se chargeait de son travail en son absence. Comme la famille de mon mari était peu nombreuse, il n'y avait pas d'aide supplémentaire. C'est ce qui m'est arrivé.

À cette époque, la vie d'une belle-fille était presque toujours très difficile, on la traitait comme une domestique ou un bien. Certaines belles-mères traitaient leurs belles-filles comme des esclaves, les privant de nourriture et d'habits corrects. Bon nombre de femmes se sont suicidées par désespoir. À l'exception des épouses des fonctionnaires, toutes les femmes étaient censées travailler dur, aux côtés des domestiques. Si le mari n'était pas content du mariage, il pouvait y mettre fin à sa guise. Mais même si elle était maltraitée, la bru ne pouvait dire un mot pour se plaindre, pas plus qu'elle ne pouvait s'en aller. C'était sa destinée. Si la belle-fille était très mal traitée, sa propre famille avait le droit de porter le cas devant la justice, mais à cette époque la loi tranchait généralement en faveur de la belle-famille. La position de la belle-fille s'améliorait après quelques années de mariage, lorsqu'elle acquerrait un peu plus d'autorité.

Si une femme s'avérait stérile, son mari pouvait contracter un second mariage. Une petite cérémonie prenait place, moins prodigue que celle du premier mariage. Si après quelques années de mariage la seconde épouse s'avérait aussi stérile, le mari pouvait en prendre une troisième, et ainsi de suite jusqu'à ce que l'une des épouses porte des enfants. Même si un homme avait plusieurs épouses, celles-ci habitaient toutes dans la même maison. La première épouse avait le plus de pouvoir et le statut le plus élevé, malgré sa stérilité. Les autres épouses étaient obligées de lui témoigner un grand respect. S'il n'y avait pas d'enfants naturels et si l'époux ne désirait pas se remarier, on recourait fréquemment à l'adoption.

Si son mari décédait, la femme n'avait pas le droit de se remarier avant la fin de la période de deuil de trois ans, même si elle était encore jeune. Quels qu'aient été ses désirs, une veuve était toujours contrainte de se remarier, coutume bien cruelle. Ses parents négociaient en secret et offraient de l'argent pour qu'un homme l'épouse. La veuve était troquée sans tenir aucunement compte de ses sentiments, car elle était un poids mort pour la famille. Je me souviens d'une malheureuse femme qui avait été bâillonnée, attachée et transportée de force pour son remariage. Pour échapper à cette coutume, beaucoup de veuves se sont suicidées, en sautant du haut d'une colline ou en se pendant.

À cette époque, il était possible de divorcer dans l'Amdo. Un accord officiel et mutuel dont l'époux était le principal signataire était mis par écrit. Celui-ci devait spécifier qu'il était dorénavant séparé de son épouse, qui était libre de se remarier et de mener sa propre vie. En l'absence d'un tel accord signé, le divorce ne pouvait pas être prononcé. L'adultère n'était pas toléré dans notre région comme il l'était dans d'autres parties du Tibet. Le cas échéant, la femme était tuée par sa propre famille – lourd prix à payer.

11

Les devoirs d'une bonne épouse

Après mon mariage, je suis allée vivre à Taktser, distant d'environ vingt-cinq kilomètres de Churkha. Cette région était connue pour le grand nombre de filles qui y naissaient, par rapport aux rares naissances masculines. Afin de conjurer ce sort, le précédent Taktser Rinpoché avait fait élever un *chorten*, ou *stupa*, afin que les femmes donnent naissance à des garçons *.

On racontait que beaucoup de garçons avaient vu le jour après l'édification de ce *stupa*. Avant cette époque-là, les filles ne quittaient jamais leur maison familiale en se mariant, mais faisaient entrer les hommes dans leur famille, pour accroître les effectifs de celle-ci.

Le village de Taktser était perché sur une colline rocheuse escarpée, recouverte de forêts, où il était difficile de pratiquer l'agriculture. Il n'y avait pas d'irrigation. L'approvisionnement en eau dépendait entièrement de la pluie. Ma nouvelle maison avait un

---

* Le *stupa* est un monument renfermant des reliques de Bouddha ou d'autres lamas, représentant l'esprit de Bouddha.

étage. Nous vivions dans la cour intérieure, où était également installé le mât pour les bannières de prière. Les animaux étaient bannis de cette zone. Les étables se trouvaient dans la cour extérieure, tout comme les logements des domestiques.

Ma nouvelle maison était située à environ neuf heures de cheval de celle de mes parents. Je les voyais d'ordinaire une fois par an, quand mon père venait me chercher. La plupart des femmes de la région rendaient visite à leurs parents après les semailles, au quatrième mois, moment de l'année où il y avait moins de travail. Lorsque je séjournais chez mes parents, ma mère me cousait des vêtements pour toute l'année. À Tsongkha, la coutume voulait que les jeunes femmes soient élégantes et arborent leurs vêtements les plus neufs et les plus éclatants. Ma mère cousait aussi des vêtements pour mes beaux-parents et pour mon époux, des cadeaux destinés à faciliter les relations entre les familles, invariablement tendues.

Au début de mon mariage, la majeure partie du travail domestique était à la charge de ma belle-sœur. Celle-ci avait ramené son époux dans sa propre maison, mais comme il rechignait à y habiter, un mois après mon mariage ils ont déménagé pour la maison familiale de l'homme. Tout le travail domestique est alors retombé sur mes épaules.

Ma belle-mère était restée chez elle en se mariant, elle avait ramené son mari dans sa famille. Après son mariage, elle n'avait pas réussi à concevoir durant de longues années, malgré ses nombreux pèlerinages et prières. Elle avait promis à la déesse de la fertilité un ensemble de vêtements si son vœu était exaucé et s'était rendue dans une grotte où on devait avancer dans le noir jusqu'à toucher un objet quelconque. Si la main touchait un serpent, la conception était impossible. La main de ma belle-mère avait touché une chaussure de bébé. Neuf mois plus tard, elle accouchait d'un garçon. Après la naissance de l'enfant, elle avait confectionné de ses mains une chaussure identique à celle qu'elle avait trouvée et cousu pour la déesse un ensemble de vêtements somptueux, qu'elle envoya au monastère. Elle était âgée de quarante-neuf ans lorsqu'elle mit au monde son premier garçon.

Ma belle-mère n'effectuait jamais le moindre travail. Elle était autoritaire et dominatrice, et ne craignait personne. Se laissant diriger par ses émotions et ses caprices, elle aimait manger, s'habiller et bien vivre. Elle était méticuleuse à l'extrême – si elle voyait un seul brin d'herbe dans la maison, elle le ramassait et le jetait. Emportée, elle se laissait parfois aller à la violence physique. Moi, la belle-fille, j'étais obligée de tout supporter. Sa langue acérée m'a fait porter le poids de bien des souffrances. Si elle prenait son repas sur le *kang*, je n'avais pas le droit de rester dans la pièce, je devais manger à la cuisine. Même alors, je devais manger debout.

Pourtant, elle était également chaleureuse, généreuse, et partageait tout justement et également. Il m'est arrivé d'être émue par ses attentions. Comme je travaillais dans les champs, les bords de mes manches étaient toujours déchirés. Ma belle-mère s'évertuait à les rapiécer pour moi, même si elle cousait très mal. J'étais toujours obligée de refaire les coutures, car souvent les réparations étaient pires que les accrocs.

Mon beau-père était assez actif à la ferme, et se rendait deux fois par jour aux champs avec les ouvriers agricoles. C'était un homme bon et gentil. Quand je moissonnais le froment, je n'arrivais jamais à lier les gerbes, alors il m'aidait. Il ne savait pas réprimander quelqu'un. Tout au plus il marmonnait à voix basse "Quel incapable". S'il m'arrivait de casser de la vaisselle, je n'osais pas le dire à ma belle-mère et j'enterrais les morceaux. J'allais voir mon beau-père et je lui racontais mes malheurs, en pleurant à chaudes larmes. Je me souviens encore de ses paroles : "Pourquoi n'as-tu pas tenu la tasse comme il faut ? Si ta belle-mère te pose des questions, dis-lui que tu ne sais pas de quoi il s'agit. Je dirai que c'est moi qui l'ai cassée."

À cette époque-là, le lien conjugal n'était pas une relation d'égalité. La femme était toujours inférieure à l'homme, même si elle détenait le pouvoir à propos des questions domestiques. Mon époux était un homme droit, honnête et franc, mais puissant et dominateur, de tempérament emporté. Il aimait jouer, prendre du bon temps, monter des chevaux rapides. Tout comme sa mère, il ne travaillait pas. Il n'était jamais longtemps à la maison, et n'avait même pas idée de ce qu'on semait dans les champs.

Un des frères de mon mari était l'intendant financier du monastère de Kumbum. C'était un homme juste, qui me traitait bien. Il m'avait dit de prendre ma fille et de venir m'installer avec lui à Kumbum, si jamais mon mari levait la main sur moi. En fait, il réprimandait souvent mon époux, car celui-ci ne m'aidait pas à la maison et s'éloignait tout le temps pour s'amuser. Les deux sœurs de mon mari étaient gentilles avec moi. À chaque fois qu'elles venaient en visite, elles me donnaient un coup de main, même si ce n'était que pour quelques minutes.

Tant qu'elle a vécu, ma belle-mère a été l'autorité suprême. Après sa mort, j'ai assumé la responsabilité des domestiques et de leur surveillance, du travail des champs, de la gérance du budget familial, de l'achat et de la vente de notre production agricole.

Je me levais à une heure du matin pour chercher de l'eau pour les domestiques et les ouvriers agricoles. De si bonne heure, il y avait moins de monde, mais il fallait quand même faire la queue. Nous devions monter l'eau très lentement, afin de ne pas troubler les sédiments qui gisaient au fond du puits. Si quelqu'un remuait la boue, les autres femmes protestaient et une bagarre éclatait. Je devais parfois me rendre jusqu'au puits dix fois par jour, quoiqu'en général cinq à six voyages couvraient nos besoins. En hiver, j'attrapais des engelures aux mains, que j'enduisais de graisse de mouton pour les protéger.

Mes beaux-parents se levaient à sept heures du matin. Je devais alors leur servir le thé, et je me faisais houspiller par ma belle-mère si je ne me montrais pas assez empressée. Je devais balayer les planchers de la maison, allumer le four et préparer le thé salé que préféraient les domestiques, car selon eux ce breuvage prévenait les maux d'estomac. Vers huit heures et demie nous prenions tous le petit-déjeuner, puis les laboureurs partaient aux champs. Je nourrissais et je trayais ensuite les animaux de la ferme. Une fois tous les cinq ou six jours, je devais nettoyer les *kangs* avec un râteau et les remplir de nouveau de fumier et de paille.

Je portais le déjeuner aux ouvriers agricoles, le transportant sur mon dos jusqu'aux champs. Après leur avoir servi le repas, vers midi, je me joignais au travail. Nous travaillions parfois en musique, s'il y avait parmi nous des personnes sachant chanter. Nous aimions beaucoup chanter. Au coucher du soleil, vers cinq ou six heures du soir, les ouvriers chantaient en retournant lentement à la maison.

Moi, je devais me précipiter comme une folle à la maison après le travail, pour ne pas me faire réprimander par ma belle-mère. Je devais me presser de préparer le dîner pour la famille et les domestiques. Ma belle-mère n'allumait même pas le feu. Si je ne préparais pas le dîner assez vite, elle me frappait. Après sa mort, j'ai pratiquement cessé de travailler aux champs, car je devais m'occuper de la maison et des enfants.

Au cours des premières années de mon mariage, j'ai dû souvent me contenter de trois ou quatre heures de sommeil par nuit. Lorsque nous devions nous rendre au moulin pour moudre du grain, huit à dix jours passaient presque sans sommeil. Nous tamisions la farine d'une heure du matin jusqu'au lever du soleil, puis effectuions notre travail quotidien. J'étais souvent morte de fatigue. Parfois, en allant chercher du fumier pour le *kang*, je m'asseyais sur le bord de la route et volais quelques instants de sommeil. À l'occasion, à bout de forces, je me rendais dans un endroit tranquille et versais quelques larmes pitoyables, mais j'avais ma fierté et je ne pleurais jamais en public. Durant ces années difficiles, je n'ai jamais avoué à personne, même pas à mon mari, que je souffrais.

12

Mort et deuil

Peu de temps après mon mariage, mon beau-père s'est éteint, à l'âge de soixante-trois ans. Je pense qu'il avait un cancer, bien qu'à l'époque nous ne connaissions même pas cette maladie. Il n'avait pu rien manger durant un mois entier, ni rien garder, même pas du miel. Il était devenu terriblement émacié et faible, et il savait que la mort était proche. Nous avions déjà engagé les hommes qui devaient porter le corps.

La nuit où il est mort, mon beau-père m'a assuré qu'en dépit des grandes souffrances qui m'avaient été infligées par la langue acérée de ma belle-mère, cette épreuve me rendrait service plus tard dans la vie. Il m'a dit de ne pas prendre ces choses à cœur et d'être une bonne épouse. Je pleurais sans pouvoir m'arrêter. Il essayait de me réconforter de son mieux, me priant de ne pas m'inquiéter pour lui. À un moment, il demanda une tasse de thé avec du miel. Lorsque j'ai soutenu sa tête pour lui faire boire une gorgée, il a cessé de respirer.

Les membres de la maisonnée se sont rassemblés dans la pièce, sanglotant à son chevet. Les bonnes manières imposaient de ne pas pleurer à l'excès ou montrer trop d'émotion. Nous avons donc prié, en tentant de nous maîtriser. Tous les voisins sont venus lui rendre un dernier hommage, présenter leurs condoléances et proposer leur aide à la famille. Lors d'un décès, les visiteurs offraient à la famille douze miches de pain, douze étant le nombre de la mort. Toutes les femmes de la famille cessaient le travail durant la période de deuil, trois semaines en ce temps-là. Les domestiques et les ouvriers agricoles se chargeaient de toutes les corvées.

Durant les trois semaines du deuil, tous les membres de la famille sont restés dans la maison, priant sans arrêt. Des moines sont venus réciter des prières pendant trois jours. Ces prières étaient destinées à favoriser la transmigration convenable de l'âme du défunt et empêcher l'esprit de celui-ci de rester dans la maison.

L'astrologue déterminait le laps de temps durant lequel le cadavre était gardé dans la maison, qui pouvait aller jusqu'à trois jours. Le corps de mon beau-père a été gardé deux jours. Nous l'avons veillé jour et nuit, en récitant des prières et en nous prosternant autant de fois que nous en étions capables. Nous croyions qu'à sa mort le défunt devient pareil à un dieu, et nous le traitions par conséquent comme tel.

Les astrologues déterminaient aussi la méthode appropriée de destruction du cadavre : en l'incinérant, en l'inhumant, en l'immergeant, en l'offrant à manger aux oiseaux. Cette dernière était considérée la meilleure, car la plus pure. Cependant, à Tsongkha la plupart des cadavres étaient enterrés. Le corps était installé dans la position du lotus, les jambes croisées, les mains disposées comme pour la prière. On prenait des mesures et on fabriquait un cercueil en bois dans lequel on déposait le défunt. Le visage était recouvert d'une écharpe de cérémonie. Le corps était enveloppé dans un tissu blanc, souvent une sorte de soie. Mon beau-père a été enveloppé dans une robe tibétaine en soie blanche. Des fleurs parfumées et des branches de pin entouraient le corps. On ne mettait rien d'autre dans le cercueil.

Chaque famille possédait son propre cimetière dans les limites de son enceinte. Ce fut là qu'on emmena mon beau-père. Tous les voisins étaient présents pour faire leurs adieux. L'astrologue avait aussi choisi les personnes qui pouvaient toucher le cadavre et le cercueil. Les hommes de la famille portaient le cercueil sur leurs épaules. Ils n'avaient pas le droit de le placer sur le sol ou même de s'arrêter, car on croyait que l'âme du défunt risquait de rester à l'endroit de leur halte et de ne pas renaître comme il fallait.

Les femmes de la famille n'étaient pas autorisées à accompagner la bière, elles devaient rester à la maison. Ma belle-mère était très triste et pleurait sans arrêt. Tous ses enfants sont venus la réconforter. Trois semaines durant, nous ne pouvions visiter personne, ni monter à cheval. Tous les effets du défunt étaient distribués, car la famille ne devait rien garder de lui.

Pendant la semaine suivant le décès, les femmes n'avaient ni le droit d'orner leur chevelure avec les habituels rubans colorés, ni de la laver. Les cheveux étaient négligemment attachés avec un morceau de laine blanche. On pouvait porter uniquement de vieux vêtements, et on devait bannir tous les bijoux. À la mort d'un beau-père, on enlevait le brocart du *hari* de l'épaule gauche, à la mort d'une belle-mère celui de l'épaule droite, à la mort de ses propres parents, celui du rabat central descendant dans le dos. Le *hari* était porté ainsi pour toute la période de deuil. Lorsqu'on perdait son époux, le brocard des deux rabats latéraux était enlevé durant trois ans.

On interdisait aux hommes en deuil de porter des vêtements neufs, et s'il s'agissait du décès de leurs parents, ils ne pouvaient pas porter leurs chapeaux habituels. Tout comme les femmes, ils devaient arborer des fils blancs dans leurs tresses. Après trois semaines, ces fils blancs étaient enlevés, tant par les hommes que par les femmes, et brûlés. Les rubans colorés reprenaient leur place pour orner les chevelures.

Deux ans après le décès de mon beau-père, ma belle-mère est morte à son tour. J'avais vingt ans, elle cinquante-huit. Elle était malade, mais je crois qu'elle est morte de chagrin pour son frère, Taktser Rinpoché, qui s'était éteint peu de temps auparavant.

Lorsqu'un enfant mourait, les rites étaient simples. Les lamas venaient réciter des prières, et l'astrologue effectuait ses calculs. De mes trois fils décédés, l'un a été enterré, les deux autres ont été portés au sommet d'une haute colline et laissés là pour les oiseaux de proie ou les animaux sauvages. J'avais demandé aux porteurs des corps de me rapporter les vêtements de mes enfants, car ceux-ci étaient venus dans ce monde tout nus et je voulais qu'ils le quittent de la même façon.

Notre croyance affirme que si on pleure trop la mort d'une personne, celle-ci risque de ne pas trouver sa destination ultime. On dit que les larmes des parents sont comme des gouttes de pluie sur le visage de l'enfant disparu. Je me suis donc toujours maîtrisée à la mort de mes enfants, si intense que soit ma souffrance, et j'ai supplié aussi mon mari de ne pas pleurer.

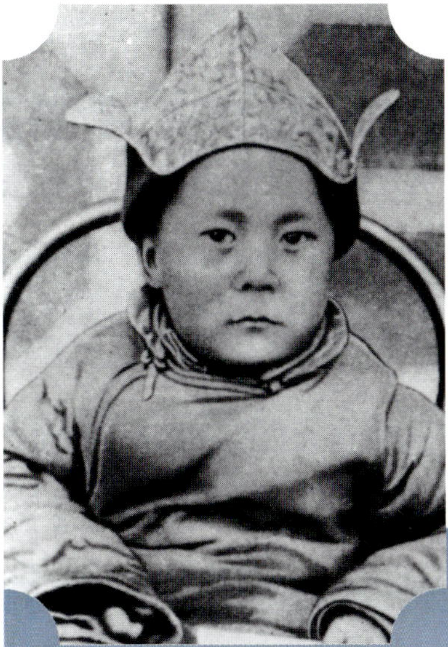

Le Dalaï-Lama dans sa petite enfance.

Le palais de Potala à Lhassa, résidence officielle de Sa Sainteté. "C'était un musée, dont je ne reverrai jamais la splendeur."

Diki Tsering, connue sous le titre de Gyayum Chenmo, Grand-Mère, en robe traditionnelle devant le Potala.

Paire de *dzo,* progénitures du croisement taureau-femelle du yak. Ce sont des animaux de ferme utilisés généralement pour labourer les champs.

Tentes des hauts fonctionnaires gouvernementaux tibétains.

L'Armée chinoise de libération du peuple entre dans Lhassa en portant des portraits du Président Mao et du maréchal Chu Teh.

Groupe de résistants tibétains.

Sa Sainteté et le Panchen Lama sont accueillis à la gare de Pékin par le Premier ministre Chou En-laï et le maréchal Chu Teh. "Je craignais pour notre sécurité, car les Chinois n'étaient pas ce qu'ils faisaient semblant d'être."

Sa Sainteté à 19 ans, parlant devant le Congrès national du peuple à Pékin. Sa Sainteté avait espéré que ses tentatives de coexistence pacifique persuaderaient les Chinois de respecter l'accord en 17 points.

Les membres du gouvernement communiste chinois signent l'accord en 17 points à Pékin.

Diki Tsering et Madame Taring en Chine, avec l'épouse d'un officiel chinois et sa fille. Madame Taring a accompagné par la suite Diki Tsering en Angleterre.

Sa Sainteté voyage dans le palanquin central dans cette procession officielle du palais de Potala au monastère Norbulingka.

Le monastère Drepoung est niché dans une vallée montagneuse. Fondé en 1416, c'est le plus grand monastère du monde. Il abritait 7000 moines avant 1959.

Diki Tsering, Sa Sainteté et leur entourage s'enfuient à cheval du Tibet contrôlé par les communistes. "Nous avons voyagé sans nous arrêter, très rapidement. Lorsque nous avons fait halte, je pouvais à peine me tenir debout, de froid, de fatigue et en raison des crampes dans mes jambes. Le vent soufflait très fort, et une épaisse couche de poussière me couvrait le visage."

Sa Sainteté traverse la frontière en Inde. "C'était un soulagement d'être en sécurité. Les Chinois étaient très loin et ne me faisaient plus paniquer."

Diki Tsering
et Sa Sainteté
"Il a été
différent de
mes autres
enfants dès
sa naissance."

Diki Tsering,
entourée par sa
famille à
Dharamsala,
Inde.

13

Naissance

J'ai eu mon premier enfant, une fille, à l'âge de dix-neuf ans. Mes accouchements ont toujours été faciles, car je menais une vie active, de paysanne. Durant chaque grossesse, j'avais dû travailler comme d'habitude, même le jour de l'accouchement. Je mangeais des plats spéciaux pour ne pas tomber malade, et je n'ai jamais souffert de nausées matinales.

À cette époque, toutes les femmes accouchaient seules. On n'allait pas à l'hôpital, on ne se faisait même pas assister par quelqu'un. Pour mon premier enfant, une domestique m'a assistée, mais seulement après l'accouchement. Entendant les vagissements du bébé, elle est venue couper et nouer le cordon ombilical. Pour tous mes autres enfants, je l'ai fait moi-même. Tous mes enfants sont nés dans l'étable, et non pas dans la maison.

Le sujet de l'enfantement était traité avec beaucoup de réticence en ces temps-là. Les femmes ne confiaient jamais à personne qu'elles étaient sur le point d'accoucher. Les gens apprenaient la naissance d'un enfant seulement en entendant ses pleurs. Pour la naissance, il n'existait pas de cérémonie à proprement parler, mais les voisins venaient me féliciter, apportant de petits cadeaux, des vêtements pour le bébé, des couvertures et du pain. Ils m'offraient aussi du riz sucré bouilli avec des dattes. Un mois après la naissance, ma famille offrait un dîner en l'honneur de l'enfant. Le lama qui venait normalement dans notre maison pour réciter des prières a choisi le nom de ma fille, Tsering Dolma. Nous invitions tous les mois des lamas à venir réciter des prières chez nous.

Ma belle-mère m'a accordé une semaine de repos après la naissance de mon premier enfant. Lorsque mes autres enfants sont nés, elle était déjà décédée. Comme il n'y avait personne dans la maison qui puisse se charger de mes corvées, je pouvais me reposer seulement un jour ou deux après les accouchements. Je reprenais ensuite le travail en portant le bébé sur mon dos.

Ma belle-mère était furieuse que j'aie accouché d'une fille, et non d'un garçon, et sa colère s'est retournée contre mon époux. Celui-ci a tenté de la consoler en lui disant que c'était le destin, qu'on ne pouvait pas imposer le sexe d'un enfant, mais n'empêche, elle était très déçue. Son frère, Taktser Rinpoché, s'était éteint, et elle avait espéré qu'un petit-fils soit sa réincarnation.

Seconde partie

MÈRE DE COMPASSION

14

L'arrivée d'un Tulku

Après le décès de Taktser Rinpoché, des envoyés du monastère de Kumbum sont allés solliciter l'aide de Sa Sainteté le treizième Dalaï-Lama pour trouver le *tulku,* la réincarnation suivante de l'abbé de Kumbum. Lorsqu'ils sont arrivés à Lhassa, ils ont imploré Sa Sainteté de pratiquer un *thudam,* mais celui-ci leur a affirmé qu'il n'y aurait pas de réincarnation avant une année.

L'année suivante, une expédition se rendit de nouveau à Lhassa. Mon beau-frère Ngawang Changchup l'accompagna, en sa qualité de gestionnaire de Kumbum. Sa Sainteté leur dit que la réincarnation était née aux alentours de Kumbum, vers l'est, là où vivent des chiens et des chevaux noirs. Une de mes voisines avait mis au monde un garçon – la réincarnation de l'abbé. Toutefois, Sa Sainteté demanda aux moines de ne pas faire des proclamations ou de prendre des décisions définitives, mais de revenir à Lhassa dans douze mois.

Mon beau-frère éclata en sanglots à ces nouvelles, car ils avaient entrepris deux fois déjà ce voyage, et ils se voyaient dans l'obligation de prendre la route une troisième fois. Il expliqua à Sa Sainteté que la route était très difficile pour eux, car ils venaient de très loin. Mais Sa Sainteté persista à dire que le moment n'était pas encore propice à l'installation de la réincarnation de l'abbé. Il les pria d'arrêter leurs larmes, et d'envoyer un émissaire au lieu de parcourir eux-mêmes toute cette distance – leur récompense serait un lama de valeur. Mon beau-frère trouva étrange que Sa Sainteté refuse de prendre une décision finale, malgré la naissance de la nouvelle réincarnation.

Avant de quitter Lhassa, l'expédition se rendit dans plusieurs sanctuaires, avec des offrandes de beurre. Dans un de ces endroits, mon beau-frère remarqua que le devant de sa robe en brocart avait été souillé de beurre fondu. Comme personne n'en avait renversé, il lui était impossible d'expliquer la présence de ces taches. Cependant, il interdit aux domestiques de nettoyer son habit, persuadé qu'il s'agissait là d'un très bon pressage.

Lorsque mon beau-frère arriva aux alentours de Tsongkha, des moines de Kumbum vinrent à sa rencontre. En réponse à ses questions sur la réincarnation de l'abbé, ils lui racontèrent que l'enfant était mort. À cette nouvelle, mon beau-frère commença à comprendre la sagesse de Sa Sainteté. Il s'enquit alors de la naissance de mon enfant et fut transporté de joie en entendant que j'avais donné le jour à un garçon. Il eut alors la certitude que mon fils était la réincarnation de Taktser Rinpoché. J'avais vingt et un ans lorsque j'ai accouché de Norbu, dans l'année du Chien. Un lama de Kumbum le nomma Tashi Tsering, mais plus tard on lui attribua le nom du moine Thubten Norbu.

L'année suivante, des envoyés de Kumbum se rendirent à Lhassa pour rencontrer une fois de plus le Dalaï-Lama. Celui-ci leur confia une lettre scellée et les chargea de me porter le message : mon fils Tashi Tsering (connu plus tard sous le nom de Thubten Jigme Norbu) avait été choisi parmi seize candidats, tous nés dans l'année du Chien, pour être le suivant Taktser Rinpoché. Tous ces enfants venaient de familles que je connaissais, certains étaient des parents, d'autres des amis. Toutes les familles des candidats ont été invitées chez nous pour la lecture de la décision officielle. La lettre de Sa Sainteté fut ouverte et le verdict annoncé.

Mon époux et moi étions ravis. Nous avons aussitôt pensé à ma belle-mère, qui avait si ardemment désiré que notre fils soit la réincarnation de Taktser Rinpoché. Ses désirs avaient maintenant été exaucés. Bien que nous soyons ses parents, nous avons installé notre fils sur un trône et nous lui avons offert des écharpes de cérémonie. Nous avions déjà décidé de l'envoyer au monastère, mais maintenant, au lieu d'être un moine ordinaire, il était élevé au rang de Rinpoché. Le sort avait vraiment été bon avec nous, et nous avons versé beaucoup de larmes de joie. À l'époque, notre fils était âgé d'un an.

J'étais à Tsongkha, enceinte de mon fils Lobsang Samten, lorsque mon père est décédé. On m'a raconté plus tard qu'il avait été empoisonné pendant un pique-nique par un de ses ennemis. Je n'ai pas pu me rendre aux funérailles, car j'étais dans les dernières semaines de ma grossesse et je risquais d'accoucher sur la route. Mon fils est né cinq jours après le décès de mon père *.

---

* Diki Tsering a eu seize enfants, dont sept ont atteint l'âge adulte : quatre venus au monde avant la naissance du Dalaï-Lama en 1935 : Tsering Dolma en 1919, Thubten Jigme Norbu en 1922, Gyalo Thondup en 1928 et Lobsang Samten en 1933, et deux autres après lui : Jetsun Pema en 1940 et Tendzin Choegyal en 1946.

15

Océan de sagesse

Presque trois ans après la naissance de Lobsang Samten, j'ai mis au monde Lhamo Dhondup, qui allait devenir le quatorzième Dalaï-Lama. Durant les deux mois qui ont précédé sa naissance, mon mari avait été alité. S'il essayait de se lever, il était pris de vertiges et s'évanouissait. Il m'a raconté qu'à chaque fois qu'il s'évanouissait, il voyait le visage de ses parents. Il ne pouvait pas dormir la nuit. C'était très difficile pour moi, car il m'empêchait de me reposer et j'avais du travail à faire dans la journée. J'ai cru qu'il me faisait une blague cruelle, mais je sais maintenant que ce n'était pas le cas. Ce n'était qu'un des éléments d'une étrange série d'événements qui se sont produits au cours des trois années précédant la naissance de ce fils.

Tout au long de cette période, nos chevaux étaient comme fous. Quand nous leur apportions de l'eau, ils s'y précipitaient, puis se roulaient dedans. Ils ne pouvaient ni manger ni boire. Leur encolure se raidissait, et à la fin ils n'étaient même plus capables de marcher. Tous les treize sont morts. C'était une grande honte pour la famille, ainsi qu'une considérable perte financière, car les chevaux valaient beaucoup d'argent. Ensuite, la famine a régné pendant trois ans. On n'a pas eu une seule goutte de pluie, seulement de la grêle, qui a détruit les récoltes. La population était sur le point de mourir de faim. Les familles ont commencé à s'en aller. Seules treize sont restées, des quarante-cinq d'origine. Ma famille a survécu uniquement parce que le monastère de Kumbum nous a aidés et nous a fourni de la nourriture. Nous vivions des lentilles, du riz et des pois qui venaient de leurs magasins.

Lhamo Dhondup est né le matin de bonne heure, avant le lever du soleil. À ma surprise, mon époux avait quitté son lit et donnait l'impression de n'avoir jamais été malade. Je lui ai annoncé que j'avais accouché d'un garçon, et il m'a répondu qu'il ne s'agissait sûrement pas d'un enfant ordinaire et que nous devions songer à en faire un moine. Chushi Rinpoché du monastère de Kumbum s'était éteint, et nous espérions que le nouveau-né soit sa réincarnation. Après sa naissance, les morts, les incidents bizarres et les malheurs ont cessé. Après des années de dénuement, la pluie est tombée, la prospérité est revenue.

Dès sa naissance, Lhamo Dhondup a été différent de mes autres enfants. C'était un enfant sombre, qui préférait rester tout seul dans la maison. Il rangeait constamment ses vêtements et ses petites affaires. Lorsque je lui demandais ce qu'il faisait, il me répondait qu'il préparait ses bagages pour se rendre à Lhassa, en nous y emmenant tous. Lorsque nous visitions des amis ou des parents, il ne buvait jamais de thé d'une autre coupe que la mienne. J'étais la seule personne à laquelle il permettait de toucher ses couvertures et il s'installait toujours près de moi pour dormir. S'il rencontrait une personne hargneuse, il ramassait un bâton et essayait de la frapper. Si un de nos invités fumait, il se mettait en colère. Nos amis nous affirmaient avoir peur de lui pour une raison indéfinissable, malgré son jeune âge. Tous ces incidents se sont produits alors qu'il avait seulement un peu plus d'un an et était à peine capable de parler.

Un jour, il a prétendu qu'il venait du ciel. J'ai eu alors une étrange prémonition, car un mois avant sa naissance j'avais fait un rêve où apparaissaient deux lions des neiges verts et un dragon bleu scintillant, voletant dans les airs. Ils m'avaient souri et m'avaient accueilli dans le style tibétain traditionnel : les deux mains levées au niveau du front. Plus tard, on m'a dit que le dragon représentait Sa Sainteté, et les deux lions des neiges l'oracle Nechung (l'oracle officiel du Tibet) montrant au Dalaï-Lama la voie vers la renaissance. Après ce songe, j'ai su que mon enfant serait un grand lama, mais même dans mes rêves les plus fous je n'ai pas imaginé qu'il serait le Dalaï-Lama.

Lorsque Lhamo Dhondup avait un peu plus de deux ans, le groupe à la recherche du quatorzième Dalaï-Lama a visité notre maison de Taktser. Le groupe comprenait entre autres Lobsang Tsewang, un *tsedun* (fonctionnaire gouvernemental) et Khetsang Rinpoché du monastère de Sera (plus tard torturé et assassiné par les Chinois). Leur première visite a eu lieu au onzième ou douzième mois, alors qu'il neigeait très fort. À leur arrivée, le sol était recouvert de plus d'un mètre de neige, que nous étions en train de déblayer. Nous ne connaissions aucun des voyageurs, mais nous avons compris qu'ils venaient de Lhassa. Ils ne nous ont rien dit de leur mission.

Ils parlaient couramment le dialecte de Tsongkha, car ils cherchaient le Dalaï-Lama dans cette région depuis trois ans. On les avait assurés qu'ils trouveraient Sa Sainteté aux premières heures du matin dans un endroit tout blanc. Le groupe s'est arrêté à notre porte. Les voyageurs nous ont raconté qu'ils étaient en route pour Sanho, mais s'étaient trompés de chemin. Ils m'ont demandé de les héberger pour la nuit. Je leur ai offert du thé, un peu de pain de ma fabrication et de la viande séchée. Le lendemain, de bonne heure, ils ont insisté pour me payer pour mon hospitalité et pour la nourriture de leurs animaux. Ils ont pris congé très chaleureusement. Nous avons appris après leur départ qu'il s'agissait du groupe qui cherchait le Dalaï-Lama, mais il ne nous est jamais venu à l'esprit que leur visite avait un but précis.

Trois semaines plus tard, le groupe est revenu chez nous. Cette fois-ci, les visiteurs ont affirmé se rendre à Tsongkha et nous ont demandé de leur montrer le chemin. Mon mari les a guidés lui-même, et ils sont partis. Après deux semaines, ils sont revenus une troisième fois. Cette fois-ci, en montant sur notre véranda où jouait Lhamo Dhondup, Khetsang Rinpoché portait deux bâtons, qu'il posa dans un coin. Notre fils s'y dirigea tout droit, en laissa un de côté et s'empara de l'autre. Il frappa légèrement le dos du Rinpoché avec ce bâton, prétendit qu'il était le sien, et voulut savoir pourquoi celui-ci s'en était emparé. Les membres du groupe échangèrent des regards entendus, mais je n'ai rien compris au dialecte de Lhassa qu'ils parlaient.

J'étais dans la cuisine, buvant du thé assise sur le *kang*, lorsque Khetsang Rinpoché vint me voir. Il était facile de converser avec lui, car il parlait couramment le dialecte tsongkha et le chinois. Pendant que nous étions assis là, Lhamo Dhondup introduisit sa main sous les lourdes robes en fourrure du Rinpoché et commença à tirer sur l'un des deux gilets en brocart que celui-ci portait. J'ai réprimandé mon fils, lui enjoignant d'arrêter de tirer sur les robes de notre hôte, mais il insista que le gilet lui appartenait. Khetsang Rinpoché lui parla avec douceur, lui promettant de lui faire confectionner un nouveau gilet, car celui qu'il portait était vieux et défraîchi. Mais Lhamo Dhondup ôtait déjà ses vêtements pour enfiler le gilet. J'ai appris plus tard que ce gilet avait été offert à Khetsang Rinpoché par le treizième Dalaï-Lama.

Ce soir-là, nous avons été convoqués par les chercheurs. Ils étaient assis sur le *kang* de leur chambre. Devant eux, il y avait un bol de sucreries, deux chapelets et deux *damarus* (petits tambours rituels). Ils offrirent le bol de sucreries à mon fils qui choisit un morceau et me le tendit. Il alla ensuite s'asseoir avec eux. Dès son plus jeune âge, Lhamo Dhondup s'était toujours assis au même niveau que les autres, jamais aux pieds des gens, et on me disait que je le gâtais. Il se choisit un chapelet, puis un *damaru*, tous les deux ayant appartenu au treizième Dalaï-Lama, comme il s'avéra par la suite.

Nos hôtes nous offrirent, à mon mari et à moi, du thé et des écharpes de cérémonie. Ils insistèrent pour me faire accepter de l'argent, en guise de remerciement pour mon hospitalité. Quand j'ai refusé, ils m'ont priée de le garder comme signe de bon augure. Ils nous ont raconté qu'ils étaient partis à la recherche du quatorzième Dalaï-Lama, car ils avaient la certitude que celui-ci était né quelque part à Tsongkha. D'après eux, il y avait seize candidats. En vérité, ils avaient déjà choisi mon fils. Lhamo Dhondup passa trois heures avec eux ce soir-là. Ils m'ont raconté plus tard qu'il avait répondu sans problème à leurs paroles, même s'ils parlaient le dialecte de Lhassa qu'il n'avait jamais entendu auparavant.

Plus tard, Khetsang Rinpoché me prit à part et, m'appelant Mère, m'annonça que j'aurais à quitter ma maison pour me rendre à Lhassa. Je ne voulais pas y aller, je ne pouvais pas laisser ma maison sans personne pour s'en occuper. Selon lui, je ne devais pas tenir ce genre de discours, car le moment venu je serais obligée d'y aller. Je n'avais pas à m'inquiéter de ma maison, car j'allais vivre très à l'aise, sans connaître de difficultés. Il se rendrait à Tsongkha pour rencontrer le gouverneur local, Ma Pu-fang, afin de lui annoncer que la réincarnation du Dalaï-Lama était née à Tsongkha et que les émissaires projetaient de l'emmener à Lhassa.

Le lendemain matin, de bonne heure, alors que les voyageurs se préparaient à partir, Lhamo Dhondup s'accrocha à Khetsang Rinpoché en pleurant, implorant qu'on l'emmène. Rinpoché le consola, en l'assurant qu'il reviendrait le prendre dans quelques jours. Puis il s'inclina profondément et toucha de son front le front de mon fils.

Après leur entrevue avec Ma Pu-fang, les visiteurs revinrent une fois de plus. Cette fois-ci, ils nous annoncèrent qu'il y avait trois candidats en lice. Ces trois garçons devaient se rendre à Lhassa, où l'un d'entre eux serait choisi sous l'image de Je Rinpoché. Leurs noms seraient inscrits sur des papiers mis dans un bol, d'où le feuillet désignant le candidat choisi allait être extrait avec une paire de baguettes en or. En fait, ils avaient déjà choisi mon fils. Quand j'ai répété une fois de plus que je ne pouvais pas y aller, Khetsang Rinpoché me parla franchement, en me confiant qu'en tout état de cause je devais me rendre à Lhassa. Il me confirma que mon fils était le quatorzième Dalaï-Lama, mais me demanda de garder cette information pour moi.

Quatre jours plus tard arrivèrent chez nous quatre envoyés de Ma Pu-fang, qui photographièrent ma maison et ma famille, et nous transmirent l'ordre du gouverneur de partir le lendemain pour Tsongkha. J'étais au huitième mois de ma grossesse et j'ai prétendu être incapable de me déplacer. Mais ils ont souligné l'importance du voyage. Les familles des seize candidats avaient été convoquées.

Il fallait huit heures à dos de cheval pour atteindre Tsongkha. J'ai très mal supporté le voyage et j'ai été obligée de m'arrêter toutes les heures pour me reposer. Une fois à Tsongkha, nous avons été hébergés dans un hôtel. Mon époux et son oncle emmenèrent mon fils à la résidence de Ma Pu-fang. Là, tous les enfants furent installés sur des chaises arrangées en demi-cercle. Les autres enfants pleuraient et refusaient de lâcher la main de leurs parents, mais mon fils, avec une dignité inattendue pour son jeune âge, se dirigea directement vers la seule chaise vacante et s'y installa tout seul. Lorsqu'on offrit des bonbons aux enfants, beaucoup en attrapèrent des poignées, mais mon fils en prit un seul, qu'il tendit immédiatement à son grand-oncle. Ma Pu-fang demanda alors à Lhamo Dhondup s'il savait avec qui il parlait. Sans hésitation, mon fils répliqua que son interlocuteur était Ma Pu-fang.

Celui-ci déclara alors que si un Dalaï-Lama était présent, il ne pouvait être que ce garçon, le frère du

Taktser Rinpoché. Il affirma que cet enfant était différent, avec ses grands yeux, sa conversation et ses actions intelligentes, faisant preuve d'une dignité bien supérieure à son âge. Le gouverneur donna congé aux autres familles et ordonna à mon mari de rester quelques jours à Tsongkha. Pendant vingt jours, Ma Pu-fang s'occupa de nous et de nos coursiers. Le quatorzième jour, j'ai mis au monde un bébé qui est mort peu de temps après. Chaque jour, Ma Pu-fang nous envoyait de la nourriture, pour nous et pour nos animaux, ainsi que de l'argent pour nos dépenses quotidiennes. Il nous demanda de le considérer comme un ami, car nous n'étions pas des gens ordinaires, nous n'étions pas ses prisonniers, nous partirions pour Lhassa. Les nouvelles nous ont beaucoup réjouis, mais nos larmes étaient en même temps des larmes de joie et de chagrin. L'idée de quitter ma région natale et tout ce que j'avais connu pendant trente-cinq ans m'attristait. J'ai quitté Tsongkha avec un mélange d'appréhension et de jouissance anticipée, pour un avenir incertain.

J'ai entendu dire par la suite que Ma Pu-fang avait demandé au gouvernement tibétain une rançon exorbitante pour laisser partir mon fils. Le gouvernement s'était plié à son chantage, seulement pour se retrouver devant l'exigence d'une somme encore plus élevée. L'argent fut emprunté à des commerçants musulmans, qui se rendaient en pèlerinage à La Mecque en passant par Lhassa, et qui devaient nous accompagner jusqu'à notre destination. J'ai aussi entendu dire que Ma Pu-fang n'avait pas été satisfait de la seconde rançon et avait exigé qu'un membre de l'équipe de recherche reste sur place, otage devant être libéré lorsque Sa Sainteté serait arrivée sain et sauf à

Lhassa. L'expédition laissa donc sur place Lobsang Tsewang. Plus tard, cet homme s'échappa de la détention de Ma Pu-fang et revint sans problème à Lhassa.

Khetsang Rinpoché m'a tout raconté. Mon mari et moi lui certifiâmes qu'il avait fait une grave erreur en avouant la vérité à Ma Pu-fang. S'il avait prétendu que nous nous rendions en pèlerinage, aucune dissension ne serait apparue. Khetsang reconnut son erreur, mais il affirma qu'il était plus sage de dire la vérité, au cas où on nous aurait arrêtés pendant le voyage.

Je connaissais Ma Pu-fang depuis mon enfance, car celui-ci était en relation avec mes deux oncles paternels. Il avait hérité le poste de gouverneur de son père. À cette époque, la Chine était en ébullition. La guerre civile entre le Guomintang et les communistes faisait rage. Lorsque les communistes ont pris le contrôle de la Chine, Tsongkha est tombé aussi sous leur coupe. J'ai entendu dire que Ma Pu-fang s'est réfugié dans un pays arabe, où il avait pris un poste d'enseignant.

Finalement, Ma Pu-fang nous apprit que nous allions partir pour Kumbum, où les préparatifs pour notre voyage à Lhassa étaient en cours. Il nous fit don de cinq coursiers rapides et d'une tente, et nous précisa que si nous avions des problèmes nous devions l'en informer. Je venais juste d'accoucher, et les coutumes sociales régissant la vie traditionnelle du village exigeaient qu'une femme ne quitte pas sa maison durant un mois après l'enfantement. Mais mon beau-frère de Kumbum m'a assuré qu'il s'agissait d'un cas spécial, pour lequel on se montrerait indulgent, et que je n'enfreignais donc pas le code moral.

Six jours après la naissance de mon bébé (une petite fille morte peu de temps après), nous nous sommes rendus à Kumbum, où nous sommes restés trois semaines. J'ai passé mes journées à confectionner des vêtements de voyage pour tout le monde. Au monastère, on s'affairait aussi aux préparatifs.

Mon mari et moi sommes retournés à Taktser une dernière fois, pour régler les problèmes de la ferme. Arrivés là, j'ai dû préparer de l'herbe et du fourrage pour nos animaux de trait et pour nos chevaux. Comme le chemin de Lhassa traversait en grande partie des régions désertes et inhabitées, nous étions forcés d'emporter une grande quantité de fourrage pour nourrir les animaux. J'ai aussi empaqueté beaucoup de thé de Tsongkha, du *chang*, du vinaigre, des dattes, des kakis, ainsi que beaucoup de vêtements pour ma famille. Le monastère de Kumbum étant comme une seconde maison pour nous, nous avons confié aux moines la garde de tous nos objets de valeur. Nous les avons invités à réciter des prières pour le voyage à venir. Nous avons aussi convié tous nos voisins et parents à des repas, pour faire nos adieux. Nous allions bientôt partir pour toujours.

Nos parents ont éclaté en sanglots à l'idée de ne plus nous voir. Nous, les gens de l'Amdo, sommes très émotifs et sentimentaux, et le chagrin se manifeste dans les larmes, sauf au moment de la mort, lorsqu'il s'agit de protéger ceux qu'on aime. Nos parents nous ont accompagnés pendant quelques jours, puis sont rentrés chez eux. J'ai tellement pleuré que j'étais presque aveugle le jour de notre départ. Nous n'arrivions même pas à nous dire adieu, si étranglées étaient nos voix.

De retour à Kumbum, deux moines sont venus me raconter des rumeurs fâcheuses : on prétendait que le véritable Dalaï-Lama n'était pas Lhamo Dhondup, mais un garçon de Lopon. En fait, ils voulaient seulement taquiner mon fils. Après leur départ, j'ai eu la surprise de trouver mon garçon en larmes, soupirant misérablement. À mon inquiétude devant son chagrin, il a répliqué que les deux moines avaient menti, qu'il était le vrai Dalaï-Lama. J'ai tenté de le consoler, de lui faire comprendre que les deux moines plaisantaient. Il a fallu beaucoup de câlins pour qu'il soit rassuré.

Si je lui demandais pourquoi Lhassa l'attirait autant, il me déclarait qu'il allait avoir de nouveaux vêtements et qu'il n'aurait jamais à porter des habits déchirés. Il avait toujours détesté les vêtements rapiécés, et il n'aimait pas la saleté. S'il y avait ne serait-ce qu'un grain de poussière sur ses chaussures, il refusait de les mettre. Parfois, il agrandissait délibérément les déchirures de ses vêtements. Lorsque je le réprimandais, en lui disant que je n'avais pas les moyens de lui confectionner de nouveaux vêtements, il me répondait qu'il me donnerait beaucoup d'argent lorsqu'il serait grand.

16

Le long voyage

Nous sommes partis pour Lhassa le troisième jour du sixième mois de 1939 *.

La date et l'heure du départ avaient été déterminées par les astrologues de Lhassa. Ma mère est venue à Kumbum pour nous dire au revoir, mais elle ne nous accompagna pas plus loin, étant donné son âge. Elle m'implora de revenir à Tsongkha après une année ou deux. Si j'avais su que beaucoup de temps s'écoulerait avant que je puisse revoir notre maison, mon chagrin de tout quitter aurait été encore plus grand.

Notre groupe était formé de moi-même, de mon époux, de Lhamo Dhondup, de mes fils Gyalo Thondup et Lobsang Samten et du frère aîné de mon époux, Ngawang Changchup, principal intendant de Kumbum. Mon fils aîné, Taktser Rinpoché, est resté au monastère, tout comme ma fille. Nous espérions les faire venir à Lhassa, quand la situation le permettrait.

Le choix de mon fils comme quatorzième Dalaï-Lama était censé être secret, mais la rumeur s'était

---

* Certains comptes rendus donnent comme date du départ le 21 juillet 1939.

répandue et beaucoup de villageois venaient à la rencontre de notre convoi, demandant une audience. Mais aucune n'était accordée tant que nous étions encore en territoire chinois, car la situation était trop dangereuse. Nous assurions les gens que cet enfant n'était qu'un des candidats. Deux jours après notre départ de Kumbum, nous sommes sortis du territoire chinois et sommes arrivés au monastère de Tulku. Là, dans le sanctuaire, a été organisée une cérémonie d'offrandes pour la longévité, suivie par une audience pour les gens de la région.

Au cours du voyage, nous avons été accueillis par des membres de la tribu Sangsang. Pour moi, native de Tsongkha, ils avaient l'air très sale, et je l'ai dit. Sa Sainteté se mit en colère parce que je jugeais les gens d'après leur apparence physique. À l'époque, il avait quatre ans.

De Tulku, nous nous sommes dirigés vers Tsaidam, où nous avons passé dix jours. Chaque jour, deux à trois cents personnes venaient voir Sa Sainteté. Nous sommes ensuite allés à Koko Nor, où nous avons érigé nos tentes pour trois jours. C'était une terre stérile, sèche, sans montagnes, dépourvue même d'oiseaux. Par endroits, l'herbe était si mauvaise que les chevaux risquaient de tomber malades et de mourir en l'ingurgitant. Nous entourions la mâchoire des chevaux de tissu, pour les empêcher de paître. Durant le voyage, nous avons vu beaucoup d'animaux sauvages – ânes, chevreuils et ours. La nuit, les ânes sauvages faisaient paniquer les chevaux, qui s'éparpillaient, au grand dam des cavaliers, obligés de les rattraper. Par la suite, dès qu'on apercevait des ânes sauvages, on tirait des coups de fusil en l'air pour les éloigner.

Le voyage de Kumbum à Lhassa a duré presque trois mois*.

Notre cortège était formé de plus d'un millier de personnes et de milliers d'animaux. Il n'était pas facile de voyager tous les jours, des mois d'affilée. Si nous traversions des territoires où le banditisme était réputé régner ou des endroits où il faisait trop froid pour y passer la nuit, nous ne nous arrêtions pas pendant plus de vingt-quatre heures.

Le voyage très fatigant était rendu encore plus difficile par la grande importance de notre prompte arrivée à Lhassa. Nous voyagions aussi vite que possible. Nous nous levions à trois heures du matin, les porteurs pliaient les tentes et partaient devant. Ces tentes étaient énormes, aussi grandes que des maisons. Nous ne prenions jamais de petit-déjeuner, sinon nous ressentions peu de temps après des tiraillements d'estomac. Si nous nous passions de nourriture, la faim ne nous tourmentait pas jusqu'à la halte suivante.

Sa Sainteté voyageait en compagnie de Lobsang Samten dans un palanquin tiré par des chevaux. Je disposais d'un palanquin séparé, tiré par quatre mulets. Les palanquins étaient pourvus de petites fenêtres treillissées, et étaient très beaux. Le palanquin de Sa Sainteté était fait de brocart jaune, le mien de coton vert. Gyalo Thondup avait onze ans à l'époque. Malgré mon insistance pour qu'il voyage avec moi, il a préféré faire la route à cheval. Il avait hérité de son père l'amour des chevaux. Sans m'en parler, il accompagnait les porteurs de tente, partant le matin de bonne heure.

---

* Le convoi arriva à Lhassa le 8 octobre 1939.

Nous avons traversé Namkatse, Piti, Tsaidam et Dugdug. La plupart du temps, il n'y avait pas de route à proprement parler, seulement des prairies. Lorsque nous sommes arrivés à Dijughu, au fleuve, il a fallu une demi-heure aux animaux pour le franchir à la nage. Nous les faisions traverser aussi vite que possible, pour qu'ils ne s'enfoncent pas dans les sédiments.

Les premiers émissaires de Lhassa, aristocrates et fonctionnaires, nous attendaient à Dugdug. Nous avons été accueillis plus tard par Suthupa et Kungo Khempo à Wamathang. Les fonctionnaires gouvernementaux sont venus à Drichu, m'ont offert des perles, un *patu* en corail (coiffure des femmes de Lhassa), des robes de brocart et d'autres accessoires portés par les dames de Lhassa. J'ai refusé de mettre le *patu*, car je portais le *hari* depuis mes seize ans et je ne me sentais pas à l'aise avec cette nouvelle coiffure, trop lourde pour moi.

À notre arrivée au monastère de Reting, nous avons été accueillis par Reting Rinpoché, le régent, jeune homme d'une trentaine d'années, qui supervisait le gouvernement par intérim entre l'intronisation des Dalaï-Lamas *.

Il me demanda ce que je pensais du *patu*. Lorsque je lui ai répondu que je préférais néanmoins porter mon *hari*, il m'a assuré que celui-ci était très beau. Pour lui, l'idée que la mère de Sa Sainteté porte ses vêtements traditionnels était excellente, car elle se devait d'être différente. Il a beaucoup apprécié mon *hari*. Quand je lui ai précisé que j'avais inventé les

---

* Ce fut Reting qui avait vu sur les eaux d'un lac la vision ayant conduit à la découverte du quatorzième Dalaï-Lama.

motifs compliqués qui l'ornaient, il m'a promis de m'appeler à Lhassa pour me confier la broderie des coiffures des moines Guélougpa.

À ma surprise, le régent Reting se mit à décrire en détail notre maison de Taktser, qu'il avait vue au cours d'une vision. Il savait qu'il y avait un arbre dans la cour arrière et un stupa devant la porte d'entrée, que nous gardions un petit chien noir et blanc et un grand mastiff sur la terrasse. Il avait remarqué qu'il y avait des gens de plusieurs nationalités dans notre maison, et m'interrogea à leur sujet. Je lui racontai qu'il s'agissait de musulmans et de Chinois, que nous avions engagés pour travailler dans les champs.

Il remarqua que les gens de l'Amdo étaient très francs et honnêtes, dotés d'un cœur pur. Bien qu'ils fussent emportés, leur colère s'éteignait aussi vite qu'elle montait. Il me mit par ailleurs en garde contre les gens de Lhassa, dont les cœurs étaient moins transparents. J'allais rencontrer à Lhassa des gens différents, certains véritablement chaleureux et sincères, d'autres qui essayeraient de nous porter préjudice. Il m'avertit que les fonctionnaires gouvernementaux étaient des flatteurs expérimentés, en apparence gentils, mais nous voulant du mal au plus profond d'eux-mêmes. Il me dit de faire attention à ce que je mangeais et de ne jamais accepter de la nourriture qui n'avait pas été préparée dans ma propre cuisine, car celle-ci risquait d'être empoisonnée.

Nous sommes restés trois jours au monastère de Reting, où les moines ont organisé une grande réception en l'honneur de leur nouveau Dalaï-Lama. Nous fûmes reçus avec prodigalité, on nous présenta même un *lhamo*, un opéra tibétain. Le voyage de Reting a

Lhassa prit trois jours. En chemin, nous fûmes accueillis par de nombreux fonctionnaires monastiques, fonctionnaires laïcs et aristocrates, ainsi que par les abbés des trois monastères de Sera, Ganden et Drepoung, venus demander audience à Sa Sainteté. Ils lui offrirent l'écharpe traditionnelle de cérémonie. À moi, ils m'ont présenté des soies et des brocarts somptueux.

Après Reting, nous avons fait halte pendant deux jours au monastère de Reja, installé sur une colline, car les prévisions astrologiques n'étaient pas favorables à notre arrivée à Lhassa le jour prévu.

Reting Rinpoché nous accompagnait, ainsi que le Kashak (le Conseil des ministres du Dalaï-Lama). De moines de haut rang, des *khenpos* (moines érudits) faisaient aussi partie de la procession. L'armée nous encadrait à gauche et à droite. C'était un moment d'austérité, de solennité et de joie. De la musique cérémonielle nous a accompagnés tout au long du chemin. Dès que j'ai vu la ville de Lhassa à l'horizon, j'ai eu la gorge serrée. J'avais entendu tant de récits sur cette ville, j'avais si souvent rêvé d'elle, et je la voyais maintenant réellement.

17

L'arrivée à Lhassa

J'avais laissé mon palanquin à Reting et je voyageais maintenant à cheval. Sa Sainteté avait été installée dans un palanquin aux dorures plus élaborées, transporté sur les épaules de huit porteurs. La foule qui nous a accueillis à notre entrée à Lhassa s'est montrée extrêmement chaleureuse. Il y avait tellement de gens que le cortège avançait à peine. La foule était totalement silencieuse, les mains jointes et les têtes inclinées, en signe de respect pour leur nouveau Dalaï-Lama. Des larmes de joie coulaient sur le visage de beaucoup de gens. Moi-même j'étais au bord des larmes. Moi, une paysanne, j'étais maintenant élevée au plus haut rang qu'une mère peut tenir.

Dès notre arrivée à Lhassa, nous fûmes conduits à Norbulingka ("Parc du joyau"), la résidence d'été du Dalaï-Lama. Sa Sainteté fut escortée à ses appartements privés, puis nous assistâmes à une cérémonie de bienvenue. On offrit à tous les présents du thé tibétain et des *domadesi* (sorte de pâtisseries). Après la cérémonie, ma famille fut conduite dans ses quartiers, proches de ceux de Sa Sainteté.

Dans nos appartements, nous trouvâmes de nombreux sacs de riz, de farine, de beurre et de thé, qui nous avaient été envoyés comme présents. On nous apporta des soieries, des brocards et des tapis, et on nous offrit des écharpes de cérémonie. Le lendemain, le gouvernement nous fournit du personnel – secrétaires, interprètes, domestiques, valets d'écurie, porteurs d'eau, filles de cuisine, servantes, cuisiniers – ainsi que de considérables provisions.

J'ai été surprise de voir Sa Sainteté rompre les sceaux des nombreux coffres qu'il avait trouvés dans ses appartements, en cherchant quelque chose. Il finit par trouver ce qu'il cherchait, une petite boîte recouverte de brocart. Je lui ai demandé de quoi il s'agissait, et il m'a répondu qu'il y avait une dent dans la boîte. Quand il l'a ouverte, il y a effectivement trouvé une dent ayant appartenu au treizième Dalaï-Lama.

Nous sommes arrivés à Lhassa durant le huitième mois, alors que tous les fruits étaient en train de mûrir. Norbulingka était couvert de fleurs. Je n'avais jamais été désœuvrée auparavant, et je vivais maintenant au paradis, dans le pays du lotus. Nous passions toute la journée dans les jardins, cueillant des pommes, des poires et des noix. Mon fils Lobsang Samten était installé dans les appartements de Sa Sainteté, pour lui tenir compagnie. Ils suivaient leurs leçons, prenaient leurs repas et jouaient ensemble.

Durant la première semaine de notre séjour à Norbulingka nous reçûmes beaucoup de visiteurs – fonctionnaires laïcs et monastiques, aristocrates et leurs épouses – qui venaient présenter leurs respects. Je me suis souvent sentie plutôt bête en recevant autant d'attention, particulièrement parce que je devais utiliser les services d'un interprète. Beaucoup de gens manifestaient un vif intérêt pour ma vie à Tsongkha et notre voyage vers Lhassa. J'ai mené une vie de luxe pendant trois mois.

Après un moment à ne rien faire et à me laisser servir, je me suis sentie frustrée. Bien que le sort m'ait réservé un grand honneur, au fond de moi-même j'avais la nostalgie de ma maison. J'avais été obligée de travailler durement pour entretenir ma famille, mais j'avais été sereine et extrêmement heureuse. Je disposais de ma liberté et de mon intimité. Maintenant, j'étais traitée comme une reine, mais je n'étais pas contente comme je l'avais été à Tsongkha. J'avais trouvé de la satisfaction à voir les fruits de mon travail. Réussir mes récoltes, prendre soin de ma maison et de ma famille, c'était pour moi la quintessence d'une vie satisfaisante.

18

Le commencement d'une nouvelle vie

Cinq mois après notre arrivée à Lhassa, Sa Sainteté s'est installée au palais de Potala. C'était un édifice imposant, rendu encore plus grandiose par son emplacement, au sommet d'une colline. La première fois, j'ai été subjuguée. Il m'a fallu vingt minutes pour monter les marches en pierre jusqu'au sommet du treizième étage. Les ornements d'or et d'argent abondaient, tout comme les *thankas* compliquées (peintures religieuses sur toile) qui ornaient les pièces. C'était un musée, dont je ne reverrais jamais la magnificence. J'ai été particulièrement impressionnée par les icônes du précédent Dalaï-Lama, forgées en or pur. À ma première visite au Potala, l'endroit m'a semblé familier, comme si je l'avais parcouru bien des fois par le passé. À Tsongkha, j'avais rêvé une multitude de fois de Potala quand j'étais enceinte de Sa Sainteté, et j'ai été étonnée de voir que les pièces étaient exactement telles que je les avais vues dans mes songes.

Sur tous les côtés de Potala se trouvaient des portes d'entrée en bois, pourvues d'énormes serrures en fer. Pour pénétrer dans ces lieux, il fallait se plier à certaines règles, énumérées sur d'immenses panneaux devant l'entrée principale : pas de chapeaux ou de chaussures étrangères, pas de couteaux et d'armes. Le port des bottes et des chapeaux tibétains était autorisé.

Nous nous rendions d'ordinaire à cheval au Potala, pour toutes les cérémonies. Durant Losar (la Nouvelle Année tibétaine), comme il y avait tellement de festivités, on nous installait au sommet du Potala, dans des appartements dotés d'une cuisine et d'un salon de réception pour accueillir nos visiteurs.

Au début, beaucoup de coutumes de Lhassa, très différentes de celles de Tsongkha, m'étaient étrangères. J'ai observé attentivement ce que faisaient les autres, afin de ne pas me tromper. Je pouvais sortir à ma guise, accompagnée de mes servantes. Ma vie était limitée uniquement par les conventions sociales, ce qui était à attendre. Par exemple, je ne me rendais jamais au marché ou dans les boutiques. Je ne les voyais qu'en passant à cheval. J'ai visité Sera, Drepoung et Ganden – pratiquement tous les monastères importants. Sera et Drepoung étaient les meilleurs.

Lorsque Sa Sainteté a atteint l'âge de dix ou onze ans, il a soutenu son premier examen à Drepoung. J'y ai passé dix jours avec lui. Comme les femmes n'avaient pas le droit de résider dans les bâtiments principaux du monastère, j'ai été hébergée avec ma famille dans la maison d'hôtes. Quelques milliers de spectateurs ont assisté à ces examens. Des examens similaires ont été conduits par les érudits du monastère de Sera, puis par ceux de Ganden. Comme j'étais une mère, l'idée que Sa Sainteté puisse ne pas répondre correctement aux questions des érudits faisant autorité me rendait nerveuse, mais mes craintes n'étaient pas fondées. Il a toujours été à la hauteur de toutes les attentes.

J'étais novice en matière de diplomatie, et j'avais beaucoup à apprendre sur la société de Lhassa. On avait fait mon éducation paysanne dans une atmosphère d'honnêteté et de sincérité, sur lesquelles on mettait grandement l'accent à Tsongkha. Les intrigues m'étaient inconnues. Pourtant, j'avais encore à apprendre que le monde pouvait se montrer cruel et dur. Peu à peu, j'ai compris que la société de Lhassa était différente de ce que mon éducation m'avait incitée à croire.

Madame Lalu, membre d'une famille haut placée de Lhassa, est devenue une de mes amies proches. Elle était parmi les quelques personnes de Lhassa qui me conseillaient à juste titre de me montrer circonspecte et réticente en la compagnie des aristocrates. À l'époque, je ne connaissais pas le dialecte local, et je ne voulais pas que mes paroles soient interprétées de façon erronée (il m'a fallu deux ans pour apprendre le dialecte de Lhassa). La mère de Monsieur Tsarong est aussi devenue une amie, tout comme Madame Ragashar, toutes deux appartenant à la noblesse. Ces trois dames m'ont fait la même recommandation, me mettant en garde contre un excès de sincérité à l'adresse de mes visiteurs, ou me conseillant de ne pas trop exprimer d'opinions devant ceux-ci. J'ai vraiment été reconnaissante à ces trois amies pour leurs observations gentilles, mais leurs paroles m'ont profondément alarmée et inquiétée. Je me suis sentie effrayée par l'avenir.

Madame Ragashar me rendait souvent visite, s'enquérant si j'étais occupée. Si je répondais que je n'avais pas grand-chose à faire, elle me proposait une partie de dames. Nous sortions l'échiquier et faisions quelques belles parties de dames. Elle me racontait des histoires et nous bavardions un peu, comme le font toutes les femmes lorsqu'elles se réunissent.

Après notre arrivée à Lhassa, on nous a attribué une propriété ayant appartenu au treizième Dalaï-Lama. La légation britannique avait contacté le Dalaï-Lama en vue d'acquérir ces terres, mais celui-ci avait refusé, affirmant qu'elles lui seraient utiles plus tard. La propriété s'appelait Changseshar, "le jardin oriental". Elle était immense, parsemée d'arbres. L'oracle Nechung pratiqua de nombreux *thudam* afin de déterminer les emplacements les plus propices pour les bâtiments. La maison à trois étages, ornée de piliers, fut bâtie en pierre, aux frais du gouvernement. Derrière la cour, on érigea une autre maison à deux étages. Après avoir passé trois ans à Norbulingka, nous avons emménagé dans cette nouvelle maison, escortés par l'armée, dans une grande procession formée de deux cents accompagnateurs et musiciens. Nous y avons résidé jusqu'en 1959.

Nous avions de nombreux domestiques à Lhassa : un *chang-zo*, qui recevait les lettres et y répondait, un manager financier et un secrétaire qui l'assistait. Le *nyerpa* était chargé des réserves de la maison et de tout ce qui s'y rapportait. J'employais deux servantes, tout comme ma fille. Une servante était chargée de s'occuper des enfants. Mon mari avait six domestiques, et mon fils Gyalo Thondup quatre. Nous disposions de deux cuisines, une pour les domestiques et une pour les membres de la famille. Chacune était dotée d'un cuisinier, d'un plongeur et d'une fille de cuisine. Le chef des écuries, assisté de nombreux valets, s'occupait de nos cinq cents chevaux.

À Tsongkha nous possédions des terres que la famille labourait à l'aide des domestiques. Mais à

Lhassa, les *miser* (laboureurs serfs) effectuaient tout le travail, tandis que les maîtres vivaient de leurs efforts. Voir le mépris avec lequel certaines familles traitaient leurs *miser* me mettait en colère. Parfois, les *miser* voyageaient six ou sept jours depuis leurs terres pour nous apporter des provisions. Le *chang-zo* et le *nyerpa* ne leur adressaient pas la parole et ne paraissaient même pas remarquer leur présence. Après une sévère réprimande de ma part, les membres de ma maisonnée ont cessé de se comporter de cette manière. J'ai insisté pour qu'ils appellent les *miser* par leur nom, au lieu de les désigner uniquement par *kei* et *mei* (homme et femme).

Je me levais à six heures du matin, je me prosternais deux cents fois, puis je récitais des prières. Le petit-déjeuner était servi à huit heures et demie. Je passais la plus grande partie de la journée dans les jardins de Changseshar, et je sortais seulement si l'occasion l'exigeait : pour voir Sa Sainteté, pour visiter des endroits sacrés, pour me rendre au Potala à des fêtes importantes. Je me couchais à neuf heures du soir.

Après environ une année à Lhassa, j'ai envoyé mon fils Gyalo Thondup à l'école de Seshing. Il en a suivi les cours pendant deux ans, puis est parti en Chine. Il n'était pas du tout sage, faisant sans cesse l'école buissonnière, courant jouer au cerf volant avec ses amis. Un jour, son maître le surprit à cette distraction et lui donna une bonne volée. Sur le moment, j'ai été furieuse, car je n'acceptais pas l'idée qu'un enfant soit sévèrement puni, mais plus tard j'ai compris l'inconduite de mon fils. Ce fut la dernière fois que celui-ci fit l'école buissonnière.

L'année suivante, mon mari invita ma fille et mon gendre à venir habiter avec nous. Il pria quelques marchands qui allaient à Tsongkha de les accompagner lors de leur voyage de retour. À l'époque, Tsering Dolma était notre seule fille, et nous voulions qu'elle vive avec nous. Une année après son arrivée, notre fils Norbu (Taktser Rinpoché) nous a rejoints lui aussi. La famille a ainsi été intégralement réunie. Norbu est resté avec nous une année, durant laquelle il a continué ses études, puis il s'est installé au monastère de Drepoung. Six ans plus tard, il est retourné au Kumbum pour être intronisé abbé, rang qu'il a tenu pour trois ans. Mon fils Lobsang Samten resta avec Sa Sainteté pendant plus de deux ans, puis fut envoyé à l'école de Seshing, dont il suivit les cours pendant une année. Ensuite, il partit lui aussi au monastère de Drepoung.

19

Coutumes étranges

Toute société exhibe un certain snobisme, et Lhassa ne faisait pas exception à la règle. De nombreux membres de la haute société nous considéraient avec dédain, car nous étions des laboureurs. Comme nous venions de l'Amdo, nous étions des étrangers, des inconnus. Tout ceci m'est venu aux oreilles quelques années après notre installation. Bien entendu, personne n'osait nous montrer ouvertement ce genre de dédain, mais des amis proches m'en ont parlé.

Je suis certaine que la plupart des femmes trouvaient un peu curieux mon *hari*, bien qu'elles ne l'aient jamais dit à haute voix. Lhassa était une société élégante, et je paraissais probablement quelque peu démodée. Les épouses des aristocrates et des fonctionnaires laïcs étaient très portées sur la mode et tentaient sans cesse de se surpasser l'une l'autre dans leurs parures. À mon arrivée, j'ai été étonnée de voir à quel point leurs habits étaient splendides, leurs bijoux raffinés. Mais ce qui m'a le plus étonnée a été la quantité de maquillage qu'elles s'appliquaient. Je n'avais jamais vu auparavant des femmes se farder les joues, se mettre du rouge à lèvres ou se poudrer. J'ai pensé de prime abord que ces femmes parfaitement maquillées étaient des actrices jouant dans un opéra, et j'ai été extrêmement surprise d'apprendre que c'étaient des femmes ordinaires. On aurait dit des poupées. C'était assez surfait.

Madame Lalu n'y allait pas de main morte pour se maquiller, et elle a tenté de me persuader d'enjoliver un peu mon visage. Je n'ai jamais pu m'y résoudre, car je me serais sentie mal à l'aise et empruntée. Même mon mari et Gyalo Thondup se sont laissés influencer par la mode locale et se sont fait percer le lobe de l'oreille droite pour l'orner d'une boucle d'oreille en turquoise.

D'autres coutumes m'ont aussi étonnée. J'ai vu des femmes, enceintes de huit mois, étendues nues au soleil, leur ventre recouvert de graisse. On m'a affirmé que cette coutume facilitait l'accouchement. J'ai aussi vu des mères placer au soleil leur bébé nouveau-né, tout nu et enduit d'huile.

Quelques années après mon arrivée à Lhassa, les femmes se sont mises à consulter des médecins lorsqu'elles étaient enceintes. Comme la plupart des médecins étaient Chinois, ils conseillaient aux femmes d'accoucher à l'hôpital chinois. Cependant, une certaine réticence à propos de leur corps retenait les femmes. Les établissements médicaux tibétains ne s'occupaient jamais d'accouchements. Les dames de la grande aristocratie accouchaient dans les hôpitaux indiens. Ces femmes nourrissaient d'ordinaire leurs bébés au sein pendant trois jours, après quoi les nourrices prenaient la relève.

Quand le bébé était âgé de trois jours, les femmes de Lhassa mélangeaient à un peu de *tsampa* avec du beurre fondu et nourrissaient l'enfant. À Tsongkha, nous supplémentions le lait maternel avec du lait de *dzomo* et nous ne donnions jamais de la nourriture solide à un bébé avant qu'il n'atteigne son cinquième mois. Nous écrasions alors des fèves en poudre fine, les cuisions et les mélangions avec du lait et de la mélasse. Nous donnions aussi à l'enfant des dattes sèches qu'on faisait tremper dans de l'eau chaude.

À Tsongkha, les femmes n'étaient pas autorisées à assister à des cérémonies immédiatement après l'accouchement, car elles étaient impures, mais à Lhassa les femmes emmenaient leurs nouveau-nés aux temples et aux monastères trois jours après leur naissance.

À Lhassa, les filles de l'aristocratie n'avaient pas grand-chose à faire, sauf peut-être broder un peu ; les corvées domestiques ne leur incombaient pas. Elles étaient envoyées à l'école pour recevoir une éducation soignée. Malgré tout, en ce qui concerne le mariage, les coutumes étaient très similaires à celles de l'Amdo.

20

Losar à Lhassa

Au Potala, les préparatifs pour la Nouvelle Année débutaient trois mois avant Losar avec la préparation du *kabse* (pain frit). Chaque cérémonie exigeait une pleine pièce de *kabse*. Le jour précédant Losar, nous nettoyions la maison, changions les rideaux, décorions les autels et empilions le *kabse* auprès de ceux-ci. Le soir, nous offrions un dîner aux amis et aux parents.

Le jour du Losar, nous nous levions à une heure du matin, apportions des offrandes à Sa Sainteté devant notre autel familial et nous nous installions dans le salon de réception. Les membres du personnel venaient nous offrir des vœux pour Losar, accompagnés de thé tibétain et de *domadesi*. On servait du *kodan – chang* brassé sucré – avec du fromage et du *tsampa*. Le personnel nous offrait des écharpes, par ordre de prééminence. Nous nous rendions ensuite au Potala, pour participer à la cérémonie qui commençait à deux heures du matin.

La cérémonie s'ouvrait par une prosternation devant Sa Sainteté, qu'effectuaient toutes les personnes présentes, par ordre d'importance – le gouvernement, les membres de la légation britannique, les représentants musulmans et chinois. Tous les gens offraient à Sa Sainteté une écharpe, et celui-ci les bénissait, cérémonie qui pouvait prendre deux ou trois heures. Durant la cérémonie, on nous servait à des intervalles réguliers toutes sortes de friandises : du thé tibétain, du *tsampa* avec de la viande, des *domadesi* avec du yaourt. Le *tsampa* était moelleux et délicieux, et le thé préparé avec des feuilles fraîches et le meilleur beurre.

Après la prestation des joueurs de tambour et des danseurs, la coutume dictait que les participants attrapent la plus grande quantité possible des offrandes de *kabse*. C'était drôle de les regarder se précipiter sur les friandises. Il était aussi coutumier de mimer la violence ; les gardes faisaient semblant de frapper la foule se ruant sur la nourriture. On raconte que cette coutume a débuté au temps du douzième Dalaï-Lama, qui l'avait vue dans un rêve.

Nous retournions ensuite chez nous, car le premier jour du Losar nous étions obligés de recevoir des visiteurs – familles nobles et fonctionnaires gouvernementaux. On servait généralement ce jour-là du ragoût mongol.

Le second jour du Losar, nous assistions à une cérémonie au Potala à huit heures du matin. Le formalisme était plus présent par comparaison au jour précédent. La cérémonie débutant toujours par les prosternations et les bénédictions, formalité protocolaire se déroulant avant toutes les cérémonies importantes. On servait ensuite du *domadesi* et du thé tibétain, ainsi que d'autres friandises, par exemple du pain frit fourré de viande. Ce jour-là, les oracles d'État annonçaient leurs prédictions pour l'année à venir. Nous recevions de nouveau des visiteurs, comme au premier jour, et les membres de la famille portaient des cadeaux du Nouvel An au Kashak et aux fonctionnaires gouvernementaux, ainsi qu'aux lamas.

Le quatrième jour de la Nouvelle Année commençait Monlam, la Grande fête de la prière. Tout le monde devait observer des règles strictes durant cette fête : pas de bruit, même pas d'aboiements de chiens, pas de chansons, pas de boissons alcoolisées. La nuit précédant Monlam, les moines des autres monastères venaient à Lhassa, où ils étaient hébergés dans les familles locales. Le lendemain de bonne heure, les lamas se rendaient au Jokhang. Peu de temps après, ses trois étages grouillaient de moines, pareils à des fourmis sur une colline.

Si Sa Sainteté assistait aux festivités de Monlam, notre famille s'asseyait pour quelques heures dans une zone spéciale du Jokhang, où nous étions cachés du public et d'où nous pouvions voir le spectacle. Nous y allions généralement le huit et le quinze du mois, jours considérés de bon augure. À l'exception de ces deux jours, nous ne quittions pas la maison durant les vingt jours du Monlam. Nous pouvions tout voir depuis la terrasse de Changseshar.

C'était drôle de regarder les porteurs de thé durant la fête de Monlam. Ils arboraient un uniforme tout à fait caractéristique, une robe tibétaine tombant jusqu'en dessous des genoux, sans pantalons ni bas. Ils avaient une drôle d'allure en portant d'immenses récipients en cuivre ou en laiton sur leurs épaules, courant partout les pieds nus pour servir du thé !

Je surveillais parfois les cuisiniers qui préparaient la nourriture pour les festins de Monlam. J'éclatais de rire en les voyant touiller les énormes pots. Ils étaient forcés de monter sur une table pour en atteindre le bord, et il fallait la force de quelques hommes pour en remuer les contenus. S'ils préparaient de la bouillie de riz, ils utilisaient pour un seul repas une centaine de sacs de riz et trente moutons entiers.

Vers la fin de Monlam étaient organisées des compétitions de tir à l'arc et des courses de chevaux. Chaque famille fournissait un certain nombre de concurrents et de chevaux. Chaque concurrent devait porter une armure et un casque de fer, comme l'exigeait l'ancienne coutume militaire.

Bien que nous participions à la fête de Losar de Lhassa, à la maison nous célébrions aussi toujours le Losar de l'Amdo. En fait, nous célébrions toutes les fêtes de notre région natale. Lorsque nos employés étaient étonnés par la préparation de certains plats spécifiques, nous leur expliquions qu'il s'agissait d'une fête de l'Amdo.

21

Grand-mère et veuve

En 1940, deux ans après notre installation à Lhassa, alors que nous habitions encore à Norbulingka, j'ai mis au monde une fille, Jetsun Pema. Ce fut Sa Sainteté qui choisit son nom. J'ai eu ensuite deux fils, dont l'un, Tenzing Chota, est décédé à l'âge de deux ans, en 1945. Tous deux virent le jour à Changseshar. Le garçon qui a survécu, né en 1946, fut nommé Tendzin Choegyal. Tenzing Chota est mort d'une infection des bronches qui persista pendant plusieurs mois. C'était un enfant très vif. Il se faufilait parfois dans les appartements de Sa Sainteté et mettait du désordre partout. Lorsqu'il s'est éteint, nous avons demandé à l'oracle Gadong de pratiquer un *thudam*.

À des époques de crise, les oracles Gadong et Nechung entraient en transe ensemble dans les appartements privés de Sa Sainteté. Lorsqu'un oracle disparaissait, il était immédiatement remplacé. Sa Sainteté se chargeait de la sélection, testant les pouvoirs du candidat en lui jetant un peu de grain. Si les pouvoirs de celui-ci n'étaient pas notables, cette action les affaiblissait. Par contre, s'il était un médium puissant, il en sortait fortifié. Le Nechung était l'oracle officiel de Sa Sainteté et de son gouvernement. C'était un moine, et il lui était interdit de se rendre dans les maisons particulières. Le Gadong, laïc marié et père de famille, pouvait entrer dans certaines maisons, comme la nôtre. Son propre monastère était proche de Drepoung. J'étais assez souvent en contact avec les oracles Nechung et Gadong.

L'oracle se devait de respecter certains rites de purification le jour précédant son entrée en transe. Il s'interdisait la consommation de viande et d'oignons et passait la journée à nettoyer son système, car le rituel était laborieux et exigeait énormément d'énergie. S'il ne se pliait pas à ces impératifs, l'oracle risquait d'éprouver de grandes douleurs pendant sa transe et après celle-ci. La douleur pouvait subsister pendant quelques jours, pareille à de forts coups de fouet.

Tandis que nous priions pour la visite du Gadong, décorant nos autels familiaux, je gardais mon fils dans mes bras. Il levait les yeux vers moi gravement, et soupirait de temps à autre. À la minute où le Gadong pénétra dans la pièce, mon fils jeta un regard sur lui et s'éteignit. J'ai demandé au Gadong de continuer le *thudam*, même si l'enfant était mort.

L'oracle fut conduit à son siège, et deux assistants restèrent avec lui, pour soutenir sa coiffure, attachée sous son menton. Cette coiffure était extraordinaire, ornée de plumes de paon, d'écharpes de cérémonie, d'or et d'argent. Elle était si lourde, que deux personnes devaient la maintenir, faute de quoi l'oracle n'aurait même pas pu lever la tête. Celui-ci arborait un tablier compliqué par-dessus son *chuba* à larges manches. Les vingt lamas qui se trouvaient dans la pièce commencèrent leurs prières en une psalmodie rythmique, sur l'accompagnement des cymbales et des cornes, pour favoriser la transe de l'oracle.

Après quelque dix minutes, le Gadong parut ressentir l'effet des prières et entra en pâmoison, puis son corps commença à trembler. Juste quand il était sur le point de se lever de son siège et d'entrer en transe, son visage gonfla hors de proportion et tourna au pourpre. Les lanières de sa coiffure étaient en train de l'étrangler. Ses assistants s'affairèrent à les desserrer, pour qu'il puisse respirer.

Dans sa main gauche, l'oracle tenait une flèche, et dans la droite une grande épée. Il se leva et se prosterna trois fois jusqu'au sol devant l'autel, puis commença la danse *cham*. Il tourna trois fois autour de la pièce, lança la flèche vers le ciel, puis la jeta. Il agita l'épée, et les gens se retirèrent, car s'il n'aimait pas ceux qui l'entouraient, il pouvait les frapper. L'expérience était très impressionnante.

Après la danse *cham*, l'oracle se mit à parler. Un secrétaire notait ses paroles, car les personnes peu familiarisées avec le langage particulier des oracles étaient incapables de le comprendre. À la fin, il s'écroula et resta étendu, inanimé. Ses assistants le débarrassèrent immédiatement de sa coiffure. Il revint à lui après un certain temps, gémissant fortement et haletant comme si toute sa force lui avait été retirée. La séance avait duré environ une heure.

Pendant sa transe, l'oracle Gadong avait dit que mon fils décédé était un personnage noble, qui avait fait le vœu de revenir à ses parents. J'avais du mal à accepter les dires de l'oracle. J'étais assez âgée maintenant, j'avais quarante-cinq ans, et je ne voulais pas porter d'autre enfant. J'aurais préféré que ma fille donne naissance à cette réincarnation. Elle venait juste de mettre au monde une petite fille. Mon fils, gravement malade, avait insisté pour voir sa nièce et je l'avais conduit auprès de celle-ci. Il avait pris très gentiment la main du bébé et l'avait caressée. Il s'est éteint trois jours après.

J'ai toujours vu en rêve mes enfants décédés, à des intervalles réguliers, mais après la mort de Tenzing Chota, ce genre de songes a semblé disparaître. Le corps de celui-ci avait été conservé dans une petite boîte dans la maison, car s'agissant d'une personne sacrée nous ne devions pas le détruire. J'ai consulté Gonsar Rinpoché, un vieux lama qui venait souvent chez nous réciter des prières, et je l'ai invité à pratiquer un *thudam*. Je lui ai demandé de découvrir pourquoi je ne rêvais plus. Je voulais savoir si c'était parce que nous avions enfermé Tenzing Chota dans une boîte clouée, afin que son âme ne quitte pas son corps.

Gonsar Rinpoché m'a assuré que ce n'était certainement pas le cas, car l'enfant avait déjà accompli sa renaissance. Il m'a dit ensuite que cette réincarnation m'était proche, et qu'on ne peut pas rêver d'une personne qui s'est réincarnée. J'ai voulu savoir alors qui était la réincarnation, si c'était l'un des enfants des domestiques ou ma petite-fille nouveau-née. Il ne le pensait pas, bien que mon fils se fût réincarné en une fille. Celle-ci n'était pas destinée à vivre longtemps, et mon fils se réincarnerait une fois de plus en un garçon.

Je me suis obstinée à soutenir que ma petite-fille était la nouvelle réincarnation, mais Gonsar Rinpoché n'a pas été d'accord avec moi. Il a juste affirmé que ma petite-fille aurait une vie courte et nous a conseillés de nous montrer très affectueux avec elle. Selon lui, elle était trop puissante pour survivre. Il nous a aussi dit de prier pour elle. Quelques jours plus tard, ma petite-fille est tombée malade. Durant les sept jours de sa maladie, ma fille et son mari décidèrent de l'emmener à Gyatso Shikar, espérant qu'elle se porte mieux en ces lieux. Les quelques jours précédant leur départ, la petite avait été calme, n'avait ni pleuré ni gémi. Mais au moment du départ, elle hurla comme si quitter la maison lui faisait mal. Elle était inanimée à l'arrivée à Gyatso. Trois jours après, elle est morte.

Mon époux et moi nous sommes rendus à Gyatso, où le bébé luttait encore pour sa vie, dans l'espoir qu'elle aimerait nous voir une dernière fois. Le bébé vagit en reconnaissant mon mari, qui lui donna un peu de lait. Nous conviâmes quelques lamas à réciter des prières à son intention, et vers la fin de cette séance, elle trépassa. Lorsque son corps était baigné pour l'enterrement, nous remarquâmes que toute la région de sa colonne vertébrale était pourpre. Nous avons compris alors qu'elle s'était cassé l'échine.

Quelques jours après le décès de ma petite-fille, j'ai commencé de nouveau à rêver de feu mon fils Tenzing Chota. Il était dans une immense grotte, tout nu. Je l'ai pris dans mes bras et je l'ai tenu près de moi. Lorsque j'ai raconté ce rêve à mon époux, celui-ci m'a rappelé la prédiction de l'oracle Gadong : ce fils allait renaître dans un autre de mes enfants, j'allais peut-être concevoir de nouveau. J'ai refusé d'y prêter attention, car je ne voulais pas d'une autre grossesse.

Pourtant, cette année-là j'ai mis au monde mon fils Tendzin Choegyal. Des lamas du monastère de Chomo Lungnga sont venus m'annoncer que leur abbé s'était éteint et que mon fils était sa nouvelle réincarnation. Presque à la même époque, des moines du monastère de Drepoung sont aussi venus m'informer que mon fils était la réincarnation de leur maître. J'ai refusé de le laisser aller à un endroit ou à un autre, convaincue qu'il n'était pas une réincarnation et que je ferai de lui un moine pour servir Sa Sainteté.

Pendant son enfance, ce garçon a beaucoup souffert d'œdèmes chroniques, qui guérissaient, puis apparaissaient de nouveau. L'oracle Gadong m'assura que cette maladie était provoquée par mon refus de le laisser prendre son siège de *tulku*. J'ai fini par accepter à contrecœur qu'il soit emmené à Chomo Lungnga et devienne Ngari Rinpoché. Dès qu'il arriva au monastère, tous ses maux disparurent.

Tendzin Choegyal avait trois ans et demi quand il fut installé au monastère de Chomo Lungnga. Il y resta trois ans, puis passa les trois suivants à Drepoung. Le monastère de Chomo Lungnga était à trois heures de route de notre maison. Je le ramenais souvent chez nous pour une semaine de vacances, même lorsqu'il était à Drepoung. Ma mère l'avait accompagné lorsqu'il fut emmené au Chomo Lungnga, et elle avait versé beaucoup de larmes pour lui, car il était extrêmement jeune. Moi aussi j'étais très triste à l'idée de me séparer de mon benjamin. Plus tard, je l'ai emmené avec moi en Chine.

En 1947, un an après la naissance de Tendzin Choegyal, mon époux décéda. Sa mort a été une dure épreuve, et je suis contente de dire que je l'ai supportée avec courage et détermination, sans jamais permettre à personne d'ébranler mon moral, bien que beaucoup de gens au pouvoir aient tenté de profiter de ma naïveté et des lacunes de mon éducation.

Mon mari était allé visiter pour la journée le domaine de Damaka Shikar. À son retour, il souffrait d'intenses douleurs abdominales. Il se traîna pendant un mois, de plus en plus émacié et faible, puis il trépassa. À sa mort, j'ai remarqué qu'il avait eu des hémorragies buccales et anales. La rumeur courrait que le *chang-zo* (intendant) du domaine que mon mari avait visité l'avait empoisonné. Il n'avait que quarante-huit ans lors de sa mort.

À l'époque de son décès, mes fils Taktser Rinpoché et Lobsang Samten étaient en visite chez nous. Mon mari, sentant apparemment l'approche de la mort, me demanda d'ordonner aux domestiques d'enlever le bois de chauffage du *kang*, car il avait très chaud. On était en janvier, il faisait très froid, mais il rejeta ses draps. Un quart d'heure plus tard, j'ai été rappelée, mon mari venait de mourir. Il était minuit.

J'ai fait réveiller aussitôt la maisonnée, et tout le monde s'est rassemblé dans la chambre de mon mari pour réciter les dernières prières à son intention. Les lamas ont été invités à prier pour le défunt. On plaça le corps en position assise, les jambes croisées et les mains en la posture de prière, comme le voulait la coutume. Son corps a été gardé dans la maison pendant deux jours, conformément aux calculs de l'astrologue.

Respectant les rites funéraires, j'ai enlevé tous mes bijoux, les rubans de mes cheveux, et même mon *hari*. À partir de ce moment-là, par respect pour la mémoire de mon époux, je n'ai plus porté le *hari* qu'aux occasions officielles, mais sans le brocart du rabat dorsal, enlevé selon la coutume des veuves amdo.

Pendant deux jours, on a récité des prières dans la maison puis, le troisième matin, le corps a été emporté pour être incinéré. Le cercueil a été transporté à pied à Sangda, à trois heures de route. On m'a rapporté les cendres de mon mari, car celui-ci avait émis le désir explicite que ses restes soient déposés près des tombes de ses parents à Tsongkha. Il m'avait aussi demandé de veiller à ce qu'il ne soit pas immergé ou offert aux oiseaux de proie.

Lorsqu'on m'apporta les cendres, je les ai enveloppées de soie jaune, puis je les ai placées dans un petit coffret en bois dans le sanctuaire. Quelques mois plus tard, quand mon fils Taktser Rinpoché est parti pour Tsongkha, il a emporté le coffret, le portant lui-même durant tout le voyage, car il aurait été néfaste qu'une autre personne le touche. À son arrivée à Tsongkha, trois mois après, il dirigea des prières pour son père à Kumbum, puis enterra le coffret près des tombes de ses grands-parents.

Des prières furent récitées à Changseshar durant les quarante-neuf jours du deuil – nombre de jours nécessaires à la réincarnation suivante pour prendre forme. On affirme que pendant ces quarante-neuf jours l'âme défunte reste dans sa maison. Les prières du quarante-neuvième jour sont les plus magnifiques et les plus compliquées, car c'est le moment où se produit la renaissance. Ce jour-là, tous les rubans arborés dans les cheveux durant le deuil sont enlevés et brûlés, et de nouveaux vêtements, rubans et bijoux sont offerts. Malgré cela, je n'ai pas porté de bijoux une année entière.

La coutume exigeait que tous les effets du défunt soient dispersés, afin de diminuer le risque que l'esprit reste avec la famille. J'ai donc fait don de tous les vêtements de mon mari, de ses couvertures, de ses bols – tout. Je n'ai rien gardé en souvenir.

Après la mort de mon mari, je suis resté seule avec ma fille à Changseshar. Mon fils Gyalo Thondup était en Chine à l'époque, avec mon gendre. Norbu était à Tsongkha.

22

Une crise politique

Au début de 1941, le régent Reting Rinpoché prit une année sabbatique de sa régence, car c'était son *ka*, son année astrologique néfaste. Il passa les rênes du gouvernement à Taktra Rinpoché et se prépara à partir en pèlerinage en Inde.

À l'époque, Taktra, homme sévère, était âgé de soixante-dix ans. Ma famille lui déplaisait à l'extrême. Il était un des précepteurs de Sa Sainteté, et mon fils avait peur de lui. Il me murmurait : "Amala, Taktra Rinpoché devient effrayant." Celui-ci avait l'habitude de se promener partout avec un fouet en soie à la main, dont il frappa une fois Lobsang Samten pour s'être montré trop bruyant. Ce fut lui qui décida que Lobsang Samten ne devait plus rester avec Sa Sainteté, et l'envoya à l'école, puis au monastère avec Taktser Rinpoché.

Taktra imposa de nouvelles règles à mes visites à Sa Sainteté au Potala. Auparavant, je pouvais le visiter à ma guise, mais maintenant Taktra nous informa, ma fille et moi, que nous ne pouvions plus voir Sa Sainteté si souvent. Lors de nos visites, un de ses hommes nous accompagnait et assistait à notre entrevue, car Taktra se méfiait de nos conversations. Une réunion du Kashak, le cabinet ministériel, a eu lieu à ce sujet. Kashu Kungo (Kashupa) rejeta cette disposition, considérant absurde qu'une autre personne accompagne la mère et la sœur de Sa Sainteté pendant leurs visites. Taktra se montra si furieux de cette décision, qu'il jeta en prison Kashu Kungo.

Madame Kashu vint me voir, m'implorant de faire quelque chose pour son époux. J'ai donc écrit à la prison, informant les autorités pénitentiaires que Kashu Kungo était enfermé suite à des intrigues politiques et non pour des méfaits. J'ai aussi exigé qu'on le traite avec clémence. J'ai entendu dire par la suite que ma lettre avait eu quelques résultats. Lorsque Sa Sainteté a atteint l'âge de régner, ce qui a mis fin au rôle de Taktra, tous les prisonniers politiques incarcérés durant son intérim ont été libérés. Mais pendant l'interrègne, Sa Sainteté n'avait aucun pouvoir et Taktra, en sa qualité de régent, était l'homme le plus puissant du pays.

Reting avait demandé à Taktra d'assurer la régence pendant trois ans. Il avait été convenu entre eux que les rênes du gouvernement seraient remises alors de nouveau à Reting. Mais lorsque Reting vint voir Taktra trois fois pour tenter de reprendre sa régence, celui-ci refusa de lui céder le pouvoir. Reting en fut si bouleversé qu'il décida de partir en pèlerinage pour Tsongkha, l'Inde et la Chine. Il nous confia qu'il ne pouvait plus rester à Lhassa, car les temps s'annonçaient mauvais. Ses gens et ses servants essayèrent de le convaincre de rester, tout comme mon mari et moi. Finalement, il accepta.

Généralement, pendant son *ka*, son année néfaste, on se casse une jambe ou on a un quelconque autre accident. L'année néfaste de Reting mit en route une chaîne d'événements qui se prouvèrent en fin de compte fatidiques. Une année après sa tentative de reprendre le pouvoir, il fut emprisonné et mourut en prison deux mois plus tard. Cela se passait peu de temps après le décès de mon mari, en 1947. Beaucoup de gens ont pensé qu'il a été assassiné. Lorsqu'il était régent, Reting avait ordonné qu'on arrache les yeux de Lungshar, et on racontait que le fils de celui-ci était derrière ce décès *.

La nuit de la mort de Reting, vers une heure du matin, les gardes du palais avaient entendu de grands cris demandant du secours du côté de la prison. Les détails exacts de sa mort n'ont jamais été révélés, mais bon nombre de gens étaient certains qu'il avait été assassiné. Des affiches gouvernementales ont été placardées partout à Lhassa, informant la population que si un individu osait prétendre que la mort de Reting n'était pas naturelle, il serait sévèrement puni.

Notre famille était proche de Reting. Avant son arrestation, le Kashak tenta de rappeler mon fils et mon gendre de Chine, en me demandant de leur envoyer un émissaire. Le Kashak voulait enfermer tous mes fils, ainsi que mon gendre. Comme aucun n'était à Lhassa, le gouvernement était impuissant. J'ai aussi entendu dire que le Kashak voulait nous renvoyer, ma fille et moi, à Tsongkha. En enfermant mes fils et en nous renvoyant chez nous, le gouvernement aurait ainsi dispersé notre famille et éliminé

* Tsipon Lungshar, fonctionnaire laïc, chef des douanes, avait dirigé un mouvement demandant des réformes durant le règne de Reting.

du même coup toute opposition à son pouvoir. Mais Ma Pu-fang, le gouverneur chinois de l'Amdo, était notre ami, et il pouvait envoyer une armée à notre secours, ce qui aurait gêné les plans de Taktra et du Kashak, obligés de réfléchir deux fois plutôt qu'une à leurs actions.

Reting Rinpoché et mon mari avaient été des amis très proches, qui partageaient le même amour des chevaux. L'arrestation et l'assassinat de Reting n'auraient pas été si simples si mon mari avait été en vie. Il disposait de plus de ressources que moi et aurait au moins fait en sorte que l'arrestation et l'emprisonnement soient moins aisés. C'est pourquoi les gens sont persuadés que mon mari a été empoisonné.

Presque à la même époque, des rumeurs se répandirent affirmant que Sa Sainteté n'était pas le véritable Dalaï-Lama, qu'une erreur avait été commise. On chuchotait que mon fils était Ditru Rinpoché, tandis que celui-ci était le vrai Dalaï-Lama. Ditru Rinpoché était le fils d'un parent du treizième Dalaï-Lama. Il fut finalement décidé de placer les deux noms dans un récipient, secoué devant l'image de Je Rinpoché, pour faire tomber le nom juste. On pratiqua cet exercice trois fois, et à chaque fois apparut le nom de mon fils. Le régent Taktra et le Kashak n'avaient plus rien à dire. Sa Sainteté avait quatorze ans à ce moment-là.

Les temps étaient très difficiles. Mes fils au loin et mon mari disparu, je ne me suis jamais sentie aussi seule et sans défense. Tsarong Shape (un *shape* est un ministre d'État) vint me voir à cette époque pour m'avertir d'être très prudente, car le Tibet était tombé entre de mauvaises mains. Il me confia que les dieux seuls savaient ce que le gouvernement pensait faire.

Ce fut la période la plus pénible de mon séjour à Lhassa, avant l'invasion chinoise du Tibet *.

---

* Selon les historiens, le conflit Reting-Taktra n'était pas tant une lutte personnelle pour le pouvoir que le point focal d'une bataille politique entre deux factions. Les forces de Taktra tentaient de renforcer le gouvernement central, action à laquelle s'opposaient d'autres personnes. Les partisans de Reting voulaient récupérer le pouvoir et cherchaient l'aide de la Chine nationaliste, ce qui avait porté préjudice à leur cause aux yeux de nombreux Tibétains. Une bombe avait été envoyée aux bureaux de Taktra durant cette dispute, et Reting avait été arrêté pour avoir organisé ce complot. Il s'ensuivit une révolte des moines fidèles à Reting du monastère de Sera, au cours de laquelle l'abbé fut assassiné. Le gouvernement est intervenu pour mâter la révolte.
L'Armée de libération du peuple profita de ce chaos et de cette division pour effectuer des incursions militaires et politiques au Tibet. Le gouvernement du pays avait été en proie au désarroi durant les dix-sept ans de régence, depuis la mort du treizième Dalaï-Lama jusqu'à l'intronisation du quatorzième Dalaï-Lama. Durant cet intervalle, les luttes pour les pouvoir ont fait rage entre les factions en lice.

23

Pèlerinage familial

Après le décès de mon mari, je me suis rendue en pèlerinage à Duntse Shikar et à Tashilunpo. Notre cortège comprenait ma fille cadette Pema, ma fille aînée et ses deux enfants, Khando et Tenzing Ngawang. Le gouvernement a inclus dans notre groupe deux intendants pour le pèlerinage, afin qu'ils s'occupent de notre hébergement et de tous nos autres besoins.

Duntse était notre propriété. Sur ce domaine vivaient environ trois cents familles de *miser*. L'endroit avait été utilisé par Je Rinpoché (Tsongkhapa) et était devenu un musée. J'avais peur d'entrer dans cette maison. Elle était très vieille et semblait sur le point de s'écrouler. Tous les murs étaient penchés. La parcourir me faisait remonter très loin dans le temps. Même les meubles étaient de l'époque de Je Rinpoché, vieux de quatre cents ans. Il y avait quatre énormes sanctuaires, un pour chaque point cardinal, chacun avec son propre gardien. Les tambours rituels résonnaient d'un bout à l'autre de la nuit.

Un des sanctuaires me fascinait particulièrement. On y trouvait un immense tambour doté du son le plus riche que j'aie jamais entendu au Tibet. On m'avait raconté que cette pièce se remplissait de l'odeur du sang si une personne du domaine était à l'article de la mort. L'endroit me donnait toujours froid dans le dos, et j'avais peur de le longer même.

Nous passâmes dix jours, puis nous sommes partis pour Tashilunpo, quartier général du Panchen Lama. Le voyage a duré trois jours. À l'époque de notre visite, le Panchen Lama était à Tsongkha. On nous accueillit chaleureusement et on nous hébergea dans de petits pavillons édifiés dans les immenses jardins du monastère. Le domaine était parsemé d'énormes cages pour les animaux du Panchen Lama, mais comme celui-ci était absent, les cages étaient vides.

Le Panchen Lama de l'époque était originaire d'une famille paysanne de l'Amdo, tout comme la nôtre. Le gouvernement tibétain avait choisi un garçon de Kham et avait fait tous les préparatifs pour l'intronisation. Mais les Chinois avaient préféré introniser leur propre candidat et l'avaient envoyé à Kumbum pour y être éduqué.

Tashilunpo exposait un ensemble de vêtements ayant appartenu à Je Rinpoché, en chevreau blanc crème ; le chapeau, la robe et même les bas étaient en cuir. La robe était réduite car, au fil du temps, des morceaux avaient été prélevés par les fidèles. Tashilunpo possédait aussi le *hari* de la mère de Je Rinpoché, originaire de l'Amdo. Le *hari* me paraissait très bizarre, bien plus large, plus lourd et plus pesant que les *haris* que je connaissais.

Nous avions passé le séjour à Duntse à apporter des offrandes aux monastères, et nous fîmes de même à Tashilunpo. Après une halte de dix jours, nous sommes partis visiter des monastères plus petits des alentours, puis nous sommes revenus à Duntse. Nous sommes restés trois semaines, attendant ma mère et ma fille, qui revenaient de Tsongkha au Tibet central, en passant par l'Inde.

Au cours de mes premières années à Lhassa, j'avais très envie de voir ma mère, bien plus que lorsque nous vivions à Tsongkha. De temps à autre, je lui envoyais de petits présents typiques de Lhassa, et elle me faisait parvenir des friandises de Tsongkha introuvables chez moi. C'était la seule personne qui comprenait à quel point je me sentais seule dans une ville étrangère.

Lorsque ma fille s'est rendue à Tsongkha pour conduire dans sa famille une de nos parentes, je lui ai demandé de ramener ma mère, âgée à l'époque de soixante-treize ans. Peu après son arrivée à Tsongkha, mon mari est décédé. Je lui ai télégraphié de rentrer aussi rapidement que possible. Aussitôt, ma fille et ma mère prirent l'avion de Tsongkha pour la Chine, puis pour l'Inde, la route la plus directe. Je crois savoir que l'épouse de Tchang Kaï-chek mit à leur disposition un avion. Depuis l'Inde, elles voyagèrent à cheval et nous rejoignirent à Duntse. Ma mère avait dû être transportée en palanquin, car elle était faible et fragile, et de plus s'était cassé le bras. J'ai été ravie de la voir et j'ai pleuré de joie. Ma tante, âgée de soixante-quatre ans, les avait aussi accompagnées. Ma fille était restée au loin pendant deux ans.

Après notre retour à Lhassa, mon fils Tendzin Choegyal a été officiellement intronisé Ngari Rinpoché. Son monastère a désigné un assistant pour le nourrir, l'habiller et s'occuper de tous ses besoins.

Mon beau-frère Ngawang Changchup nous rendit visite à la même époque, venant de l'Inde. Il me raconta qu'il y avait vu mon fils Gyalo Thondup, et ses deux beaux enfants. Après un séjour de deux mois, il fut obligé de retourner à Tsongkha, où l'appelaient ses responsabilités à Kumbum.

24

L'occupation communiste

Les Chinois ont occupé Tsongkha vers 1950. Une grande panique a parcouru Lhassa, accompagnant les rumeurs selon lesquelles les Chinois se préparaient à avancer sur nous à travers Chamdo, sur le point de tomber sous leurs coups. Sa Sainteté quitta alors Lhassa pour s'installer à Dromo (appelé aussi Yatung). Juste avant notre départ, les émissaires des communistes chinois s'installèrent à Lhassa avec leur radio et leurs émetteurs. Sa Sainteté, les fonctionnaires gouvernementaux, les aristocrates et ma famille, partîmes ensemble pour Dromo.

Sa Sainteté s'installa au monastère de Dungkhar. Ma famille fut hébergée dans un monastère voisin, où étaient aussi mes fils Lobsang Samten et Tendzin Choegyal. Ma fille aînée s'était rendue à l'époque en Inde pour suivre un traitement médical, et elle avait emmené avec elle ses deux enfants, ainsi que ma fille cadette Pema, dans l'intention de les laisser au pensionnat de Darjeeling. En apprenant que nous étions installés à Dromo, ils se joignirent à notre groupe, et nous passâmes Losar ensemble. Huit mois plus tard, Sa Sainteté décida de revenir à Lhassa, car il ne voulait pas rester éloigné de son peuple trop longtemps *.

Au début de l'année 1951, afin d'assurer la sécurité de Sa Sainteté, le Kashak insista sur la constitution d'un gouvernement provisoire au monastère de Dungkhar, petite ville située à environ vingt-cinq kilomètres de la frontière avec l'Inde et le Sikkim. Les colonies tibétaines installées en Inde à Kalimpong et à Darjeeling se trouvaient juste de l'autre côté de la frontière. Avant son départ, le Dalaï-Lama désigna deux Premiers ministres, leur accordant les pleins pouvoirs pour diriger le gouvernement et leur demandant de le consulter uniquement pour les "questions de la plus grande importance". Il projetait de revenir à Lhassa dès qu'un accord avec les Chinois aurait été conclu **.

---

* Peu de temps après avoir fait fuir les nationalistes de Tchang Kaï-chek de la Chine continentale en 1949, les communistes s'engagèrent à "libérer" le Tibet. Lorsque les officiels tibétains demandèrent le soutien des États-Unis, de la Grande-Bretagne et de l'Inde, on leur opposa un refus. À l'automne 1950, les communistes attaquèrent le Tibet oriental. Peu de temps après, les oracles Nechung et Gadong conseillèrent au Dalaï-Lama de démettre le régent Taktra et de prendre le pouvoir. En raison de son jeune âge et de la terrible situation, Sa Sainteté n'était pas très enthousiasmée par cette idée, mais il se rendait compte qu'en prenant la direction du pays il procurait à celui-ci le meilleur espoir d'unification. Il prit le pouvoir à la fin de 1950, à l'âge de quinze ans.

** Pendant son absence, le gouvernement fut contraint de signer l'accord en 17 points avec les Chinois. Cet accord réfutait toute revendication d'indépendance du Tibet, mais octroyait une autonomie régionale. Sa Sainteté est revenue à Lhassa en août de cette année-là, en espérant une amélioration de la situation. Il avait décidé que la seule réponse possible des Tibétains, surpassés en nombre et mal préparés à l'agression chinoise, était la non-violence.

Après tous ces événements, je me suis rendue en pèlerinage en Inde, à travers le Népal. Sa Sainteté m'a conseillé de me faire accompagner par mes amis, Monsieur et Madame Taring, une famille noble, qui nous avait suivis à Dromo, en qualité d'interprètes. Nous sommes partis de Dromo à Gangtok, où nous laissâmes nos chevaux et nos animaux de trait. Nous avons été hébergés pour une semaine dans la demeure de Yaba Tseten Tashi et dans une autre maison située derrière le monastère, puis nous nous sommes dirigés par la route vers Kalimpong. Là, l'ancien Choegyal de Sikkim nous a accueillis chaleureusement et nous a invités à dîner. Nous sommes restés un mois à Kalimpong, nous préparant au pèlerinage. On nous avait vaccinés contre la variole – à notre arrivée au Népal, mon bras était enflé et je me sentais vraiment mal en point.

Au Népal, l'ancien roi nous a invités à nous installer dans son palais pour la semaine de notre halte. Notre groupe comprenait entre autres Monsieur et Madame Taring, Madame Surkhang, Sadutsang, Ngari Changzo, Changzo Daking, ainsi que des domestiques. Le roi nous précisa qu'il était top tôt pour visiter Lumbini, le lieu de naissance de Bouddha. Cependant, si nous voulions nous y rendre, il nous proposa une garde armée de cinquante personnes. J'ai refusé son geste aimable et accueillant, car je ne voulais pas le déranger, et je l'ai remercié pour sa considération.

Nous avons pris l'avion jusqu'à Patna, puis le train jusqu'à Calcutta, où la fille de Gya Lama nous a servi d'interprète. Elle ne parlait pas très bien tibétain, mais elle a fait de son mieux. À partir de Patna, nous avons visité Varanasi, Dorjeten et d'autres lieux sacrés. Une semaine après, nous sommes revenus à Darjeeling, puis à Kalimpong. J'avais décidé durant mon pèlerinage de rentrer au Tibet, pour être avec Sa Sainteté. Des amis chinois ont tenté de me dissuader, m'affirmant que j'allais devant une mort certaine et m'ont convaincue de rester une année à Kalimpong.

Durant ce laps de temps, j'ai subi une sorte d'attaque de paralysie. Ma fille partit pour Gangtok, afin de téléphoner à Dikilingka pour trouver un médecin et des remèdes. Les médicaments sont arrivés six jours après. Madame Panda, persuadée que j'étais à l'article de la mort, pleurait sans cesse, et m'avait même offert le chapelet de son mari. Mon fils cadet veillait à mon chevet, pour m'empêcher de m'endormir. J'ai porté le chapelet tant que j'ai été malade, mais lorsque je me suis sentie mieux, je l'ai donné à mon fils. Deux semaines de traitement et de prières ont eu raison de ma maladie.

Nous passâmes trois mois à Darjeeling, pour que je récupère mes forces. J'ai écrit alors à mon fils Gyalo Thondup, en lui demandant de venir en Inde. Je projetais de rentrer bientôt au Tibet et je ne l'avais pas revu depuis son départ pour la Chine. Tard dans la nuit, alors que je m'étais déjà retirée, j'ai entendu des voitures monter vers la maison. Ma domestique se précipita pour m'annoncer qu'un étranger de haute taille, se prétendant mon fils, venait d'arriver. Avant que je puisse sortir de mon lit, mon fils fut à mes côtés. Tant d'années s'étaient écoulées depuis notre dernière rencontre! Il avait changé. Ce n'était plus le jeune garçon dont je me souvenais, mais un homme, de très haute taille en plus. Il était venu avec sa femme et sa fille.

Gyalo Thondup avait été envoyé en Chine à l'âge de seize ans, malgré mon opposition. La Chine était très loin et mon cœur maternel rechignait à le voir partir. Mais mon mari avait considéré que l'expérience lui serait profitable. Mon fils était enthousiasmé par l'idée du départ, ce qui entraîna de nombreuses disputes familiales. Finalement, la décision fut prise. J'avais la prémonition que je ne le reverrais pas de sitôt, et ce pressentiment s'est avéré juste. Je ne l'ai revu qu'après son mariage en Chine, alors qu'il avait dans les vingt ans.

Gyalo Thondup nous a escortés jusqu'à Lhassa, laissant sa famille avec sa sœur. L'épouse de Yaba Tseten Tashi s'est montrée très prévenante lorsque nous avons quitté Gangtok. Elle a insisté pour que j'emporte son écharpe et ses gants, car on était en hiver et notre voyage de retour risquait d'être très froid. En fait, notre famille avait déjà décidé de se réfugier en Inde.

En revenant avec nous à Lhassa, Gyalo Thondup s'était déjà rendu compte que le Tibet n'était plus dorénavant un endroit exempt de dangers et avait décidé de repartir. Moi exceptée, personne n'avait eu vent de cette décision. Mon fils ne partageait pas les opinions des communistes, et certains Chinois, furieux, affirmaient qu'il devait être rééduqué. La menace était indirecte, et mon fils m'a averti que les communistes chinois risquaient de tenter de le "persuader" de changer de point de vue. Il m'a supplié de le laisser repartir en Inde, et j'ai dû accepter, à contrecœur *.

---

* Vers le début des années cinquante, en plus des incursions militaires dans le Tibet oriental, les Chinois avaient lancé une campagne nationale d'endoctrinement : les haut-parleurs faisaient retentir de la propagande, des prêts gratuits étaient accordés aux fermiers, de nouveaux hôpitaux, écoles et routes étaient construits, dans une tentative de saper le système monastique et la loyauté de la population envers son gouverne-

Avant son départ, Gyalo Thondup visita toutes nos propriétés foncières et distribua le contenu de nos magasins aux *miser*, leur précisant qu'ils ne nous devaient plus rien. Il brûla devant eux les documents qui établissaient leur statut. Trois mois après son retour au Tibet, il partit pour l'Inde en passant par Duntse. Pour son départ, il choisit un jour de fête. Il m'implora de ne pas me fâcher contre lui. Lobsang Samten et moi étions les seules personnes au courant. Nous n'en avions pas informé Sa Sainteté, car étant très jeune, celui-ci risquait de dévoiler le secret en rougissant, si les Chinois le questionnaient à propos des intentions de son frère.

Gyalo Thondup se rendit d'abord à Jayul, puis à Jora et à Tawang. Pemba Rimshi de Dikilingka s'avéra d'un grand secours en lui fournissant une lettre ouvrant le point de passage de la frontière indienne à Tawang. Il fallait garder le secret de son départ, car les Chinois l'auraient empêché de quitter Lhassa s'ils avaient eu vent de ses intentions.

À leur arrivée à Tawang, l'officier indien était absent. Mon fils et ses compagnons de voyage furent enfermés et leurs armes confisquées. Le fonctionnaire arriva seulement le lendemain, et leur fit un accueil chaleureux. Mon fils ordonna alors aux domestiques de retourner à Lhassa. Ceux-ci l'implorèrent de revenir avec eux, effrayés à l'idée de ma colère. Ils s'accrochèrent à ses jambes, lui demandant ce qu'ils

---

ment. Il était particulièrement important pour les Chinois que la famille du Dalaï-Lama adhère au système communiste, car ils supposaient que cet exemple serait suivi. Leur prise de pouvoir a été facilitée par la combinaison de luttes intestines, d'isolationnisme tibétain et de manque d'intérêt du reste du monde.

allaient bien pouvoir raconter à Sa Sainteté. Gyalo leur recommanda de me dire qu'il souffrait de dysenterie et qu'il avait été obligé de se rendre en Inde pour suivre un traitement médical.

À la nuit tombée, les domestiques revinrent à Lhassa et m'expliquèrent que mon fils était resté en Inde. J'ai fait semblant de me mettre en colère et de pleurer à chaudes larmes, pour que personne ne soupçonne que j'étais au courant des plans d'évasion. J'ai eu du mal à pleurer, car mes larmes coulent seulement si j'ai très peur ou si je suis contrainte et forcée. J'ai ordonné aux domestiques d'en informer Sa Sainteté et les officiels chinois.

Les Chinois ont été très contrariés et sont allés chez Sa Sainteté à Norbulingka, avec l'intention de demander par écrit à mon fils de revenir au Tibet. Ils se sont ensuite présentés à ma résidence pour me consoler. Je pleurais plus de peur que d'autre chose. Pemba Rimshi de Dikilingka m'a fait savoir plus tard que Gyalo Thondup était arrivé sain et sauf en Inde.

25

Périple en Chine

En 1954, lorsque Sa Sainteté avait dix-neuf ans, les représentants chinois au Tibet l'ont invité à visiter la Chine. Il m'a demandé si j'avais envie de l'accompagner, considérant que l'expérience pouvait m'être salutaire. J'ai accepté. Avant le voyage, nous invitâmes Sa Sainteté à passer quelques jours à Changseshar, notre résidence. Il ne l'avait jamais vue, c'était donc un grand honneur pour moi, aussi bien que pour toute la maisonnée.

Avant son arrivée, nous avons bâti une nouvelle cuisine, ainsi qu'une nouvelle allée, au cas où sa voiture le conduirait jusqu'à la maison. À cette époque, il y avait quelques voitures au Tibet, mais jamais aucune n'était venue à Changseshar. En plus de Sa Sainteté, nous avions la charge de nourrir tout son cortège de fonctionnaires gouvernementaux et les gens qui attendaient dans l'espoir d'obtenir une audience. C'était une lourde responsabilité. Avant son départ pour ce long voyage en Chine, des séances de prières eurent lieu quotidiennement en présence de l'ensemble du Kashak et de nombreux nobles.

Après la visite de Sa Sainteté, nous nous sommes mis aux préparatifs de notre départ pour la Chine. Tous nos frais étaient pris en charge par le gouvernement chinois. Les représentants chinois m'avaient demandé de faire venir mes enfants et mes petits-enfants d'Inde, pour qu'ils participent à ce voyage, mais je craignais pour leur sécurité, car les Chinois n'étaient pas vraiment ce qu'ils voulaient paraître *.

J'ai fait semblant de me plier à leurs suggestions, et j'ai envoyé mon intendant en Inde. En secret, j'ai enjoint à ma famille de rester où elle était. Mon apparent assentiment à leurs demandes avait ravi les Chinois. Je me suis mise à confectionner une garde-robe pour mes petits-enfants, prétextant qu'ils avaient besoin de vêtements convenables pour le voyage. Les Chinois rayonnaient pratiquement de joie et de plaisir, m'assurant une fois de plus que je ne devais pas permettre à ma famille de rester dans un pays étranger, autrement dit en Inde.

Lorsque mon fils Gyalo Thondup m'a télégraphié pour m'annoncer que ni lui ni le reste de la famille n'allaient me rejoindre en Chine, les Chinois se sont mis en colère et n'ont nullement caché leur mécontentement. Devant eux, j'étais obligée de faire semblant d'être déçue. J'ai distribué aux enfants des amis les vêtements que j'avais préparés.

Les habitants de Lhassa ont été bouleversés par l'annonce de notre départ. Ils savaient que les Chinois n'étaient pas les hôtes bienveillants qu'ils prétendaient être, et ils étaient très inquiets pour

* À cette époque, vivaient en Inde Gyalo Thondup avec son épouse et ses enfants, Jetsun Pema et les enfants de Tsering Dolma, scolarisés là.

notre sécurité. Convaincus qu'ils ne nous reverraient pas pendant des mois, ils ont organisé d'énormes processions à l'extérieur de notre demeure, nous implorant de ne pas partir. Des protestations de masse ont eu lieu contre les représentants chinois. La population suppliait les Chinois de veiller à ce que Sa Sainteté revienne à Lhassa après une année *.

Ma fille Tsering Dolma, mes fils Lobsang Samten et Ngari Rinpoché, ainsi que moi-même partîmes le premier jour du cinquième mois de 1954. Nous nous sommes rendus à cheval de Lhassa à Konken Jinda, puis avons roulé en voiture durant deux jours, après quoi nous avons repris nos chevaux. Les routes étaient très mauvaises. Les Chinois les avaient réparées en grande hâte, les remplissant de gravats. À beaucoup d'endroits, nous étions obligés de mettre pied à terre et de marcher pour poursuivre notre chemin **.

Le voyage était hasardeux et dangereux. Dans certaines zones, nous étions obligés de traverser des gorges et des ravins profonds, au-dessus desquels

---

* Les Chinois pensaient que le jeune Dalaï-Lama, tourné vers l'avenir, serait favorablement impressionné par les avances technologiques et économiques qu'il verrait en Chine et coopérerait alors aux plans chinois de redéveloppement de son pays. Sa Sainteté décida d'accepter l'invitation, considérant que ses tentatives de coexistence pacifique pourraient persuader les Chinois d'adhérer à l'accord en 17 points. Le peuple tibétain craignait que sa vie soit en danger en Chine, et était chagriné de le voir partir.

** Les Chinois avaient construit une nouvelle route allant de Chengdu à Lhassa, mais les pluies torrentielles avaient provoqué l'effondrement de plusieurs tronçons et des glissements de terrain.

quelques planches en bois formaient un pont rudimentaire. Dans les montagnes, la chute des rochers délogés par les précédentes pluies torrentielles présentait un danger constant. Nous étions tous sur nos gardes. Des éclaireurs nous précédaient, nous prévenant de tout danger imminent en agitant un drapeau rouge.

Après Konko, le voyage s'avéra très difficile. La majeure partie se déroula à pied. Nos chevaux avaient été blessés par les pierres de la route, et la plupart saignaient. Sept animaux de trait sont tombés dans le fleuve rapide que surplombaient les ponts précaires. Nous n'avions pas d'endroit convenable pour passer la nuit, en dehors des abris de fortune en bambou.

Après trois jours de ce genre d'exercice, j'ai voulu connaître la longueur de cette route, car j'étais tentée de retourner à Lhassa. On m'a répondu qu'il n'y avait plus que trois jours de mauvaise route. Des voitures nous attendaient ensuite, car une chaussée accessible avait été construite. J'ai donc continué. Ma famille et moi-même voyagions devant le cortège de Sa Sainteté. Notre groupe comprenait trois cents personnes.

À un moment donné, le groupe formé par ma famille, les deux précepteurs de Sa Sainteté et moi-même se retrouva confronté à un brusque glissement de rochers et de sédiments, parti de la colline située devant nous. Après avoir attendu quelques heures, j'ai dit aux deux précepteurs que nous devions continuer, car le glissement de terrain semblait avoir cessé. Ils hésitaient, mais j'ai décidé d'avancer. Mon neveu conduisait un *dri* par sa bride, Ngari Rinpoché était passé devant. Tout d'un coup, des rochers se remirent à tomber. Mon cheval s'arrêta aussitôt, mais le cheval de mon neveu, entendant le bruit annonciateur de mort, sauta brusquement de quelque cinq mètres. Ce fut un miracle, car s'il était resté sur place, lui et son cavalier auraient été tués. Ce fut le pire moment de notre voyage.

Deux jours plus tard, nous sommes arrivés à Shinan, où nous nous sommes reposés pendant trois jours. Nous y rencontrâmes le Panchen Lama, qui participait à notre voyage. Mon beau-frère était là aussi pour nous accueillir. Nous nous dirigeâmes vers Pochi, où nous sommes restés une journée, puis repartîmes à bord de puissantes jeeps russes.

À partir de Lhassa, il nous fallut deux semaines de voyage pour atteindre la frontière chinoise. Lanzhou, sur la frontière entre la Chine et le Tibet, est une région fertile. Son climat est méditerranéen et les fruits poussent en abondance. J'ai été frappée par l'impression d'uniformité que donnaient les gens. Les hommes et les femmes portaient le même type de vêtements, typiques de la Chine communiste : chemises et pantalons bleus. Même les couvre-chefs étaient en serge bleue. Nous avons séjourné dix jours à Chengdu (Sichuan). J'avais le sentiment que les Chinois essayaient de nous impressionner. On ne nous a jamais conduits à un endroit pouvant donner une autre impression. Toutes les places que nous avons visitées étaient propres et plaisantes.

De Sichuan, nous nous sommes envolés pour Pékin. Nos chevaux et nos domestiques étaient repartis pour Lhassa. Nous sommes restés trois mois à Pékin, où nous avons été accueillis par Chou En-laï, Liu Shao Chi et Chu Teh. On nous avait installés dans un énorme hôtel particulier à trois étages. Sa Sainteté vivait au dernier étage avec ses deux précepteurs, ma famille et moi, nous nous partagions les autres étages. Le jour de notre arrivée, un colossal banquet a été offert en notre honneur.

Les Chinois se sont évertués à nous distraire. Nous n'avions pas un moment de répit, et j'ai fini par me sentir très fatiguée. J'étais contente quand je me retrouvais le soir dans mon lit. Tant qu'a duré notre séjour, il y a eu un programme quelconque du matin jusqu'au soir. Dans la soirée, on nous annonçait le programme du jour suivant. Certains jours, nous étions obligés de nous lever à quatre heures du matin, et nous ne rentrions pas avant sept heures du soir.

Je trouvais drôle qu'une clochette résonne pour signaler que le repas était servi. Si délicieuse que soit la nourriture, j'avais envie des plats de chez nous. Dès que le repas était terminé, un nouveau son de cloche annonçait le début d'une visite touristique. J'ai parfois fait semblant d'être malade, prétendant que mon arthrite me faisait souffrir. Mais il était difficile d'user sans cesse de ce prétexte, et bientôt j'ai dû de nouveau participer au programme chinois. Si je prétendais être malade, le médecin me faisait des piqûres et me prescrivait des médicaments. Je pouvais me débarrasser des médicaments dans les toilettes, mais impossible d'éviter les piqûres. J'ai fini par décider que des deux, le tourisme était le moindre mal.

J'ai assisté à la première entrevue entre Sa Sainteté, le Panchen Lama et Mao Tsé-toung. Celui-ci résidait dans une maison entourée par un lac. Pour moi, il n'avait pas du tout l'air imposant. Il paraissait avoir des problèmes respiratoires, car il s'éclaircissait la gorge toutes les quelques phrases. J'ai été déconcertée par sa maison, davantage russe que chinoise. Tout le décor et les meubles étaient d'origine russe. Chou En-laï était bien plus homme d'État que Mao, diplomate subtil jouant des mots avec finesse. J'ai été impressionnée par Madame Soong, l'épouse du ministre chinois des Affaires étrangères. Bien qu'elle fût âgée d'une soixantaine d'années, pas une ride ne marquait son visage. À cette époque, j'ai aussi rencontré Khrouchtchev.

Après un séjour de trois mois à Pékin, nous sommes partis en train pour Nankin. Recouverte de neige, la ville paraissait morne et déserte. Nous l'avons visitée durant dix jours, puis nous nous sommes dirigés vers Shanghai, où nous avons célébré la Nouvelle Année chinoise dans le bruit incessant des pétards. Shanghai ressemblait à bien des villes occidentales de par le monde. C'était aussi l'une des villes les plus développées industriellement de Chine. On pouvait y trouver des vestiges de la Chine d'avant 1949. Les vêtements étaient moins uniformes qu'à Pékin, et on apercevait des traces de l'ancienne gaieté, des soieries et des brocards. Les femmes étaient bien plus élégantes que dans l'ascétique Pékin, mais des signes clairs annonçaient que la gaieté était sur le point de s'évanouir.

Notre arrêt suivant fut Tianjin, où nous avons fait halte pour quatre jours, après deux semaines à Shanghai. Puis nous sommes partis pour Hangzhou, recouvert de neige fraîchement tombée. Hangzhou est le centre de l'industrie de la soie. Nous y avons séjourné dix jours, avant d'aller à Waxi, puis à Yenna, à Xian, à Dalian, importante ville industrielle. Siège d'innombrables usines, la ville était encrassée par la pollution et la fumée. Nous avons visité pratiquement toutes ses usines.

Nous avons passé six jours à Yampel, près de la frontière coréenne. Le dialecte et l'habillement y étaient quelque peu différents de ceux du reste de la Chine. Les habitants très élancés arboraient des vêtements traditionnels, pourvus de manches très larges. En traversant la campagne, nous avons vu des paysannes portant leurs charges sur la tête, comme dans la campagne indienne.

Nous avons fêté le Losar tibétain à Pékin. Puisque nous étions en pays étranger, la fête a été très simplifiée. Dans la matinée, nous avons rendu hommage à Sa Sainteté, puis les Chinois nous ont conduits à l'opéra pour le reste de la journée.

J'ai été étonnée par la pauvreté de la campagne chinoise. On ne nous emmenait jamais visiter des zones pauvres, mais parfois il était impossible de ne pas les apercevoir. Les gens vivaient dans de petites huttes en bambou, dépourvues de tout ameublement. Parfois, lorsque nous descendions de notre car, ces paysans tendaient furtivement la main, mendiant une aumône. Je leur donnais en cachette un peu d'argent, et ils m'imploraient discrètement de n'en dire mot, car ils risquaient d'être punis. Un des paysans m'a dit que si les Chinois apprenaient qu'il mendiait, ils l'exécuteraient sur le champ. Nous avons vu des cercueils vides éparpillés le long de la route; ils avaient été volés par des gens démunis de tout. Comme les paysans ne possédaient pas d'animaux, c'étaient les hommes qui tiraient les charrues.

J'ai acheté beaucoup de tissus et de soieries en Chine. Tous les brocarts de qualité qu'on trouvait à l'époque du Guomintang avaient disparu, et seules des soies de qualité inférieure étaient en vente. Tous nos frais étaient pris en charge par les Chinois, qui m'allouaient environ mille *tayuan* par mois, et en donnaient entre sept cent et mille aux autres personnes de mon entourage. Plus tard, ils ont remplacé l'argent par des cartes de rationnement. Ils nous ont confectionné des vêtements d'été et d'hiver à la mode tibétaine. Il était manifeste que les Chinois tentaient de nous acheter.

Dans les magasins, on ne pouvait acheter qu'un certain nombre d'articles. Une fois, lorsqu'on n'accepta pas de me vendre plus que le quota de tissu alloué, mon interprète s'empressa de dire au vendeur que j'étais la mère du Dalaï-Lama. Ce fut seulement alors qu'on me permit d'acheter tout ce que j'avais choisi. Les magasins prenaient les coupons de rationnement de préférence à l'argent.

Certains endroits que nous avons visités étaient plaisants, mais je ne pouvais pas vraiment savourer leur beauté, car nous étions obligés de suivre le programme imposé par les Chinois. Nous n'avions pas le temps de profiter calmement du paysage. Je n'ai jamais autant eu la nostalgie du Tibet que durant ces jours passés en Chine. Le voyage ne m'a pas vraiment ravie, bien que les Chinois se soient évertués à être de bons hôtes. La seule chose que j'ai appréciée en Chine a été l'opéra.

Le soir, le personnel chinois était obligé d'écouter la radio ou d'assister à des conférences politiques. L'une des filles affectées à mon service devait s'y rendre chaque jour. Le dimanche, elle se précipitait pour se laver les cheveux, car elle disposait de très peu de temps libre. La première fille chinoise qui m'avait assisté s'était mariée. Treize jours après le mariage, son époux avait été envoyé à Lanzhou – tel était le système chinois. Quelques mois plus tard, comme elle était visiblement enceinte, elle avait été démise de ses fonctions d'assistante.

Elle a beaucoup pleuré en partant, me disant que le malheur s'était abattu sur la Chine. Elle enviait ma chance de pourvoir retourner au Tibet, mais craignait que le malheur s'abatte aussi sur mon pays. Plus tard, lorsque nous avons pris la direction du Tibet, le personnel chinois en pleurs depuis dix jours, a demandé à nous accompagner. Même Chou En-laï avait les larmes aux yeux en prenant congé. La vie devait vraiment être difficile dans la Chine communiste pour que les gens pleurent ainsi.

Nous avons pris l'avion de Pékin à Lanzhou, puis le train jusque dans l'Amdo, que les Chinois appelaient Chinghai. Nous avons séjourné cinq jours au monastère de Kumbum, où on organisa des cérémonies grandioses. Ensuite, nous sommes partis pour Taktser, voyage de deux heures en voiture, tant qu'il y avait une route, puis à cheval. J'ai entendu dire que les gens de Tsongkha avait été forcés de construire des routes pour la visite de Sa Sainteté, mais lors de notre passage la population avait été écartée et on ne lui a pas permis de rencontrer le Dalaï-Lama.

Tsongkha était devenue misérable. Les signes de pauvreté étaient partout. Les paysans portaient des vêtements rapiécés et vivaient dans l'indigence la plus totale. La plupart n'étaient même plus capables de parler, ils restaient piteusement silencieux. Lorsque les visiteurs sont venus à Taktser, huit ou neuf soldats gardaient la porte, et un soldat surveillait la conversation dans la salle d'audience. Les gens ne pouvaient donc pas s'exprimer librement. Avant qu'on leur permette de me voir, ils étaient soumis à des interrogatoires serrés à propos du but de leur visite. Si leur conversation ne se bornait pas à des sujets précis, ils étaient punis. Même la durée de la visite était limitée.

Quand les visiteurs entraient dans la pièce, je leur demandais comment ils allaient. Aussitôt fusait la réponse : "Grâce au Président Mao, nous sommes très heureux." Sur cette réplique, leurs larmes se mettaient à couler sans retenue. À la sortie, ils étaient de nouveau interrogés sur le contenu de l'entretien. Même mes parents ne firent que pleurer de chagrin.

Les monastères possédaient des réserves pour de nombreuses années, gardées dans des magasins spéciaux. Les Chinois avaient pillé et emporté tout ce qui existait à Kumbum. Toutes les terres du monastère avaient été confisquées, et j'ai constaté que le monastère n'était plus en mesure de subvenir à ses besoins.

Je suis allée visiter mon ancienne maison. La maison d'origine avait été démolie, et une nouvelle bâtie à sa place. Mon mari avait espéré que nous retournerions tous à Tsongkha pour nos vieux jours. Il m'avait souvent dit qu'il n'y aurait pas assez de place dans la vieille maison, puisque notre famille s'agrandissait régulièrement. Il avait donc demandé au monastère de Taktser de superviser la construction d'une nouvelle maison. Je la voyais pour la première fois. J'étais contente que mon mari ne soit plus là pour voir que son rêve ne serait jamais réalisé. La maison était trois fois plus grande que l'ancienne, avec de la place pour tout le monde.

Après le séjour à Taktser, nous sommes revenus à Tsongkha pour trois jours, puis nous sommes rentrés à Lhassa via la Chine. En traversant Lanzhou, très similaire à Tsongkha, nous avons longé des auberges où la nourriture exposée pour la vente ressemblait beaucoup à nos plats indigènes. J'avais très envie d'y goûter, et puisque les Chinois ne nous permettaient pas de manger dans des auberges sans l'avis d'un médecin, j'ai envoyé discrètement un de nos domestiques acheter de la nourriture, qu'il a dissimulé dans son *chuba*. Nous nous en sommes régalés dans le secret de nos chambres.

De Lanzhou, nous sommes descendus en bateau à Hangzhou, un voyage de six jours. Deux jours après avoir pris la mer, le bateau a dû s'arrêter, car la mer était agitée et on risquait d'échouer sur les rochers terrifiants. Le navire était très grand, il y avait à bord trois cents passagers. Nous nous sommes bien amusés. De Hangzhou nous sommes allés pour trois jours à Kunming, ville située au sommet d'une colline. En quittant le Sichuan nous avons été obligés de faire halte pendant dix jours, car la route avait été endommagée par un grand tremblement de terre.

Notre périple chinois fut une expérience intéressante, mais fatigante. Sa Sainteté avait appris quelque deux mille caractères chinois au cours de cette année-là. C'était drôle de le voir participer à la gymnastique chinoise le matin de bonne heure. Même mon fils et mon gendre se sont joints aux exercices, car les Chinois obligeaient tous les hommes à y participer.

Ngari Rinpoché avait cinq ans à l'époque, et les Chinois l'avaient vraiment gâté, l'emmenant partout avec eux. En fait, nous ne tenions jamais des propos anti-chinois devant lui, car vu son âge nous craignions qu'il les répète innocemment. Comme nous sommes restés en Chine tellement longtemps, les

Chinois qui nous accompagnaient avaient fini par parler assez bien le tibétain. Nous parlions déjà un peu de chinois, et nos hôtes me flattaient, m'assurant que je me débrouillais bien avec le langage familier.

Nous sommes revenus à Lhassa le premier jour du cinquième mois, une année pile après notre départ. La population est sortie nous accueillir et nous souhaiter la bienvenue, se pressant sur les bords des chemins tout au long des deux dernières heures de route jusqu'à Lhassa. J'avais précédé le cortège de Sa Sainteté d'un jour, car ma mère n'était pas en bonne santé. Sa Sainteté se rendit directement à Norbulingka, où se déroula une cérémonie d'accueil.

Nous avons été étonnés et effrayés par le considérable accroissement du nombre de Chinois à Lhassa. Nous avons entendu des rumeurs sur leurs plans à court terme d'invasion du Tibet. Avant notre départ de Chine, Mao avait assuré Sa Sainteté que le sort du Tibet était entre les mains du Dalaï-Lama. Mao avait exigé seulement la redistribution de la terre à la population au cours de deux années suivantes. Sa Sainteté jugeait qu'il était plus sage de changer le système progressivement.

Lobsang Samten avait été nommé chef de la maison et de la trésorerie de Sa Sainteté, mais il tomba malade et fut obligé de renoncer à son poste. Il délira pendant deux jours et deux nuits et se jeta sur tous ceux qui l'approchaient. Le médecin m'informa qu'il avait besoin d'un traitement médical particulier, que j'ai accepté. Une couche d'ail en poudre fut placée sur sa poitrine, recouverte ensuite d'encens allumé. Quatre hommes le maintenaient quand la chaleur de l'encens a atteint sa peau. Une immense cloque s'est formée et a éclaté. Le même traitement fut appliqué sur ses épaules et sur sa nuque. Ce traitement le laissa inanimé. On devait utiliser une cuillère pour desserrer ses dents, afin de lui faire avaler des remèdes. Après deux jours de semi-conscience, il s'est remis peu à peu.

Le médecin traitant de mon fils était célèbre à Lhassa pour sa faculté de diagnostiquer une maladie rien qu'en touchant un objet personnel du malade. Je n'avais pas à le voir en personne, il suffisait que je lui envoie un article d'habillement m'appartenant. Toutefois, il ne s'occupait jamais des gens ayant dépassé la cinquantaine. Pour lui, c'était une perte de temps, car ceux-ci allaient mourir de toute façon. Je regrette jusqu'à ce jour de ne pas l'avoir emmené avec nous lors de notre évasion du Tibet en 1959. Le jour précédant notre départ de Lhassa, je lui avais demandé de m'apporter bon nombre de remèdes. Mais comme il séjournait à Changseshar, je ne pouvais pas risquer de lui dire où nous allions, car les domestiques auraient pu avoir vent de nos projets.

26

La naissance de Bouddha

En 1956, nous avons accompagné Sa Sainteté dans un pèlerinage en Inde. C'était l'année du Bouddha Jayanti (la 2500e célébration de la naissance de Bouddha). Nous sommes partis au neuvième mois, suivis par des milliers de Tibétains. Après un voyage de cinq jours en voiture jusqu'à Gangtok, Sa Sainteté prit l'avion pour Bombay, tandis que ma famille et moi passâmes par Calcutta. Gyalo Thondup et Tsering Doma se rendirent en avion de Calcutta à Bombay, puis à Varanasi et à Bodhi Gaya.

Plus tard, nous nous rendîmes à Kalimpong et fûmes hébergés dans la demeure de Raja Dorje, où avait séjourné autrefois le treizième Dalaï-Lama. Dans un pèlerinage d'un mois, nous avons visité toutes les grandes villes et effectué un périple en train dans tout le sud de l'Inde. En ces lieux, mon fils Samten fut opéré de l'appendicite, et mon neveu se fit retirer les amygdales à Bhakra Nangal. Tous les trois ou quatre jours, je préparais des plats de chez nous, car Sa Sainteté et ses deux précepteurs les appréciaient beaucoup, les préférant à la nourriture indienne servie d'habitude. Nous mangions sur le lit *.

À notre retour au Tibet, nous avons constaté que les Chinois étaient devenus très puissants. Ils avaient ordonné de faire revenir mes fils au pays. J'étais si inquiète que je ne pouvais ni manger ni dormir. Mon gendre et ma fille étaient obligés d'assister à des réunions de propagande communiste, transporter des pierres pour construire des routes et labourer la terre. Les Chinois ont confisqué tout ce qu'ils voulaient, et ont même entrepris de couper nos arbres. Tous les aristocrates étaient contraints de travailler, même Madame Ragashar. Elle me disait qu'elle refuserait d'y aller, même au prix de sa vie. Malgré cela, elle a été forcée de participer à l'association féminine **.

Les Chinois sont venus à Changseshar tenter de me convaincre de transformer les lieux en bureaux gouvernementaux. Je leur ai dit de prendre la maison, car j'étais seule et je n'avais pas besoin de tellement d'espace. J'ai refusé le paiement en liquide proposé. Les Chinois soutenaient que si je n'acceptais pas l'argent, les gens prétendraient plus tard qu'on m'avait volée. Ils ont même promis de brancher

---

* Le Dalaï-Lama s'était rendu en Inde en partie pour demander l'appui du Premier ministre Nehru pour la cause tibétaine, mais l'aide n'était pas prête d'arriver. La famille insista vivement auprès de Sa Sainteté pour qu'il réfléchisse à l'idée de rester en Inde, mais celui-ci voulait être avec son peuple en ces heures difficiles. Il est rentré à Lhassa au début de 1957. Diki Tsering est restée en Inde jusqu'en août 1958, avec Norbu et Lobsang Samten. Gyalo Thondup vivait déjà en Inde.

** À cette époque, les communistes chinois avaient renoncé à tout semblant de non-violence au Tibet. À mesure que l'occupation armée s'est élargie, la résistance s'était développée aussi, parfois avec le soutien de la CIA.

l'électricité, m'ont offert des cadeaux et ont tenté de me gagner à leur cause. Ils m'ont assuré qu'ils allaient s'occuper de moi, puisque mes enfants étaient loin. Je pouvais même me rendre en vacances à Kalimpong en hiver, dans une maison qu'ils avaient acheté là, et passer l'été à Lhassa, tous les frais étant à leur charge. Ils prétendaient que leur territoire s'étendait jusqu'à Siliguri, situé juste au sud de Kalimpong. Pas de commentaire.

Les Chinois se présentaient quand bon leur semblait. À chaque fois qu'on m'annonçait leur arrivée, j'étais nerveuse, me demandant de quoi ils voulaient me parler. Lorsqu'ils s'en allaient, je me calmais et je poussais un soupir de soulagement. J'avais si peur. Je devais faire très attention à mes propos, pour ne pas faire du tort à quelqu'un par des paroles irréfléchies.

On m'a harcelée pour que j'assiste à des réunions, des dîners, des films, et ainsi de suite. Je n'y suis jamais allée, malgré leurs insistances. Cela m'a fait mal voir des Chinois. Je prétextais mon aversion pour les amusements destinés aux personnes plus jeunes, ou mon état de santé. Quand j'ai refusé de visionner des films en alléguant l'excuse de ma faible vue, les Chinois ont même apporté un projecteur à Changseshar pour me les montrer. Ils insistaient pour que je participe à leurs réunions. Je leur ai expliqué que c'était tout à fait inutile, car je ne savais ni lire ni écrire. S'ils le désiraient, je pouvais me charger du nettoyage de leurs appartements et bureaux et de leur lessive. Je leur ai aussi dit sardoniquement qu'il ne servait à rien de m'inviter, car je ne ferais qu'occuper une chaise et boire leur thé. Ils m'ont laissée alors tranquille.

27

Fuite en exil

La vie à Lhassa est peu à peu devenue insupportable, et nous commençâmes à penser à la fuite. Notre décision de partir se cristallisa vers le huitième ou neuvième mois de 1958. Je vivais à Changseshar avec ma mère. Ma fille et mon gendre demeuraient à côté, dans la résidence du commandant en chef.

Pendant des mois, ma fille et moi avions débattu tard dans la nuit des moyens de s'échapper. Maintenant, quand je me souviens de certains de ces plans insensés, je les trouve drôles. Une fois, ma fille a suggéré que nous voyagions toutes deux en nous déguisant en nonnes, la tête rasée. Le plan ne me paraissait pas faisable, mais elle était persuadée qu'il pouvait réussir si nous disions nous rendre en pèlerinage. Elle a même proposé de nous barbouiller le visage de noir, pour que les gens ne nous reconnaissent pas. Finalement, Sa Sainteté nous a dit que ces projets étaient impossibles et nous a conseillé de planifier soigneusement toutes nos actions, pour ne pas nous faire prendre. Il nous a suggéré d'attendre un peu, car le moment n'était pas propice à une évasion.

À cette époque, la sœur du Karmapa m'a fait savoir que son frère projetait de quitter le Tibet et m'a demandé d'en informer Sa Sainteté *. Le Karmapa avait envoyé tous ses biens au Bhoutan, et se préparait à partir, car les Chinois le harassaient sans cesse. Le monastère de Karmapa était bâti sur une colline, et les Chinois le tenaient sous leur feu. Il lui était impossible de rester sur place. Sa sœur m'a aussi demandé, au nom du Karmapa, de conjurer Sa Sainteté de quitter le Tibet. Elle nous a suppliés de les accompagner, son frère et elle, en Inde.

J'ai répondu que je ne pouvais pas partir tant que Sa Sainteté demeurait au Tibet. Nous projetions effectivement de nous en aller, mais n'avions pas décidé du moment. J'ai transmis son message au Dalaï-Lama. Tout cela se passait au onzième mois. Durant cette période, Sa Sainteté consultait ses oracles officiels, qui continuaient à soutenir que ce n'était pas le bon moment. Finalement, ils ont affirmé à Sa Sainteté que le moment propice pour un départ se situait le 19 mars, entre neuf et onze heures du soir.

Le 10 mars, j'étais à Changseshar, tricotant, brodant et surveillant la teinture des tissus. Un ami de l'Amdo est venu me voir, et m'a demandé pourquoi je m'occupais encore de ce genre de choses. N'étais-je pas au courant de la révolte en cours ? Sa Sainteté avait été invitée à une représentation ** au

* Sa Sainteté le Karmapa est le chef de l'école Kagyu, une des quatre écoles du bouddhisme tibétain.

** Les Chinois avaient insisté pour que Sa Sainteté assiste à une représentation théâtrale et qu'il vienne seul, sans ses gardes du corps habituels, ce qui avait suscité des craintes d'enlèvement. Des milliers de gens se sont rassemblés à l'extérieur de Norbulingka, où il résidait, pour l'empêcher de s'y rendre. La commandement militaire chinois et n'avait pas eu d'autre choix qu'accepter. Les habitants de Lhassa avaient occupé les lieux autour de Norbulingka pour l'empêcher de partir. Les gens s'étaient armés, et ceux qui n'avaient pas d'armes avaient pris des fourches. Mon intendant n'avait pas non plus entendu parler de la révolte, et travaillait encore à ses comptes.

Mon ami de l'Amdo m'affirma que je devais me rendre immédiatement à Norbulingka. Mon *chang-zo* tenta de découvrir ce qui se passait. Il suggéra de fermer toutes les portes et les entrées, car les gens risquaient de s'engouffrer dans Changseshar. La zone entourant Norbulingka était en chaos, les gens criaient, implorant Sa Sainteté de ne pas partir : il serait obligé de leur passer sur le corps. Tout personnel ou voiture communiste était lapidé. Mon gendre avait envoyé une voiture me prendre, et comme le conducteur, Lhakpa, était vêtu d'un uniforme chinois, il avait été battu et lapidé presque à mort. Une personne dans la foule a fini par le reconnaître et a mis fin à la violence.

Mon gendre est venu nous escorter, ma fille et moi, jusqu'à Norbulingka. Les routes avaient été barricadées par les guerriers Khampa, pour prévenir une intrusion chinoise. Même ma fille et mon gendre ont dû obtenir un permis de l'armée pour m'escorter à travers la foule. À leur arrivée, ils m'ont dit que je devais venir sur le champ. Je n'ai même pas eu le temps d'emporter quoi que ce soit. Je ne savais pas que c'était la dernière fois que je voyais Changseshar et ma mère.

---

foule était forte de trente mille personnes. Ce fut le tournant des relations tendues avec les communistes.

On m'informa que tôt dans la matinée, les Chinois avaient emmené mon fils Tendzin Choegyal à Drepoung, pour qu'il assiste à une réunion à leur état-major. Quant à moi, ils sont venus me chercher à Changseshar. Ils ont pénétré dans la maison en armes – huit hommes et quatre femmes. Lorsqu'ils tentèrent d'entrer dans mon appartement privé, mon *chang-zo* les repoussa violemment, leur affirmant que je ne me sentais pas bien. Lui jetant un regard chargé de haine, ils s'en allèrent comme ils étaient venus.

J'étais très inquiète pour Tendzin Choegyal. J'espérais qu'ils n'allaient pas le mettre sous bonne garde parce que Sa Sainteté et moi-même n'avions pas assisté à leur réunion. Toute la journée, j'ai entendu sa voix qui criait "Amala, amala", comme s'il était souffrant. J'ai envoyé des éclaireurs surveiller les bureaux chinois, mais ils n'ont vu qu'un fonctionnaire en train de discourir avec ardeur, en tapant sur la table. Dans l'assistance il y avait nombre d'aristocrates, mais aucune trace de mon fils. Nous avons pensé qu'ils allaient l'emmener en Chine. Mais à notre surprise, à la tombée de la nuit, les Chinois l'escortèrent jusqu'à Drepoung. Son *chang-zo* l'intercepta sur la route, et nous le ramena.

Nous étions donc tous en sécurité à Norbulingka. On ne laissait entrer personne, et il n'y avait aucune communication avec les Chinois. J'ai entendu dire que des combats des rues avaient éclaté, et que beaucoup de gens avaient été tués. Le monastère de Chinsalinka était sous le feu des Chinois, et sept moines avaient perdu la vie à Drepoung. Dans l'intervalle, les guerriers Khampa avaient pris le contrôle de toutes les petites barques, pour faciliter notre fuite, car toutes les routes étaient surveillées par les Chinois.

Nos domestiques venaient chaque matin de Changseshar nous apporter du lait, du pain et d'autres provisions. Pour entrer, chacun devait montrer un badge jaune, donné par les habitants. Durant toute cette période, la population a gardé sans discontinuer Norbulingka. J'avais tout fermé à Changseshar, et j'avais laissé les clés enveloppées dans un morceau de soie jaune, avec une note à l'intention de mon *chang-zo*. Cette note lui sauva probablement la vie après notre départ de Lhassa. Les Chinois l'interrogèrent à propos de notre évasion, peu disposés à croire qu'il n'était pas au courant de nos projets. Ils étaient sur le point de le torturer, lorsqu'il leur montra ma note le chargeant de s'occuper de la maison et lui confiant les clés. Je mentionnais aussi mon départ, lui précisant que je ne savais pas quelle serait ma destination.

Nous n'avons pas dit à ma mère que nous partions. J'étais très triste, mais je savais qu'à quatre-vingt-sept ans elle ne pouvait pas voyager à cheval. Nous étions installés à Norbulingka, elle à Changseshar. Elle haïssait les communistes et les houspillait sans cesse. Elle considérait injuste qu'ils aient confisqué ses biens, que son mari et elle avaient acquis grâce à leurs efforts et à leur travail.

Je n'ai même pas pu récupérer mes vêtements de Changseshar, car les domestiques auraient eu alors des soupçons. J'ai essayé d'envoyer une jeune fille ramener un épais manteau de fourrure pour le voyage, mais aux portes de Norbulingka elle fut tellement interrogée sur le but de sa course, qu'elle préféra rentrer. Deux jours avant notre départ, on envoya les chevaux à Ramaka, sur l'autre berge du fleuve, prétextant qu'ils devaient ramener du fumier.

Nos quelques effets et provisions partirent aussi avec cette caravane.

Ma fille et moi, toutes deux déguisées en soldats, avons été les premières à quitter Norbulingka le 19 mars. J'avais emprunté la courte robe en fourrure de mon gendre pour me donner l'apparence d'un homme. Nous avons enfilé des bottes d'homme et les avons enduites de boue, pour qu'elles paraissent usées. Même mon chapeau appartenait à l'un des domestiques. J'ai suspendu à mon épaule une arme de pacotille, qui paraissait ridicule le jour, mais faisait illusion la nuit. Ma fille était aussi habillée en homme, mon fils en soldat. Le 18, nous avons passé la nuit à lui confectionner une robe en fourrure pour le voyage.

Nous sommes sorties par une porte latérale à neuf heures moins le quart. Sa Sainteté nous a suivies un quart d'heure plus tard, avec ses précepteurs et les membres du Kashak. Le Dalaï-Lama était aussi déguisé en soldat. Il marchait derrière mon gendre, se faisant passer pour son domestique. Bien que nous soyons entourés par des communistes, la chance nous a souri cette nuit-là. Le brouillard épais nous a permis de nous glisser dehors sans être découverts. On aurait dit que les dieux avaient fermé les yeux et les esprits des Chinois et nous avaient assistés durant cette épreuve. En passant près de l'état-major chinois, nous avons vu qu'il était brillamment éclairé, les Chinois encore dans leurs bureaux, à travailler et à tenir des réunions.

Nous avons traversé le fleuve Tsangpo dans des bateaux en peau et avons attendu sur l'autre berge Sa Sainteté et son groupe. Nous chevaux étaient prêts. Nous étions une centaine, et le bruit que faisaient les sabots sur les cailloux résonnait comme des coups de tonnerre. Je priais sans m'arrêter et j'ai ordonné aux autres de faire le moins de bruit possible. Ce fut un miracle que les Chinois n'aient pas entendu le bruit des chevaux au trot.

Après le passage du fleuve, nous craignions tellement que les Chinois s'aperçoivent de notre absence que nous avons fait galoper nos chevaux, action assez bruyante. Mais apparemment les Chinois ne se sont rendu compte de notre évasion que vers le 21, trois jours après notre fuite. Ils ont bombardé ce jour-là Norbulingka, seul moyen pour eux d'y pénétrer. Un regard leur a suffi pour comprendre que le Dalaï-Lama était parti. Ils l'ont recherché à Changseshar, puis à Chomolundo et à Drepoung.

Après notre évasion, beaucoup de sang a coulé à Lhassa. Un de nos domestiques, qui nous a rejoints par la suite, m'a raconté qu'en quittant Lhassa il avait l'impression de traverser des champs de pois séchés. Il y avait des chargeurs vides sur des kilomètres à la ronde.

Le Kashak nous avait conseillé de ne pas emporter de bagages, nous n'avions donc même pas des vivres. Nous avons constaté cependant que beaucoup de nos compagnons de route avaient pris nombre d'effets et aussi de la nourriture. Je n'avais emporté qu'une couverture en laine, qui m'a été bien utile durant le voyage, et un peu de *tsampa*.

Nous avons traversé le fleuve à minuit, puis chevauché très vite sans nous arrêter jusqu'au lendemain matin à neuf heures. Je n'avais ni écharpe ni lunettes, et j'étais gelée, car j'étais vêtue d'une robe courte d'homme. Quand nous avons fait halte à Chitsusho, je pouvais à peine me tenir debout de froid, de fatigue et à cause des crampes dans mes jambes. Le vent avait soufflé très fort, et une poussière épaisse marquait mon visage. Je n'ai pas pu me laver le visage de la semaine. Ma peau commença à peler car rien ne la protégeait du vent et des tempêtes de poussière.

Les *miser* et les paysans se sont montrés très bons le long de notre route, nous ont apporté des vivres et offert tout ce qu'ils pouvaient se permettre. C'était très émouvant. Ils nous ont même donné des chaussures et des tricots, versant des larmes de chagrin pour le sort du Tibet. Nous avons voyagé en deux groupes. Un groupe s'avançait en éclaireur, puis attendait le second, pour repartir ensuite.

Quelque deux cents guerriers Khampa armés nous escortaient *. S'ils n'avaient pas été là, nous nous serions trompés de route. Nous avions déjà été obligés de revenir sur nos pas, en perdant un temps précieux. En apercevant au loin des chevaux qui s'approchaient, nous avons songé immédiatement aux Chinois, mais à notre soulagement c'était un groupe de soldats Khampa qui nous cherchaient. Nous les avons assurés que Sa Sainteté ne devait plus tarder. Notre groupe le précédait d'un jour à ce moment-là.

Lorsque nous sommes arrivés à Tsuinagdzong, nous avons entendu le rugissement des moteurs d'avion. Nous avons de nouveau craint le pire. Tous les gens ont vite mis pied à terre et se sont étendus sur le sol. Ma fille m'a crié de me coucher derrière mon

---

* Les guerriers de Kham étaient connus pour leur maîtrise des chevaux et leur résistance acharnée à l'occupation chinoise. Ils avaient été enrôlés pour protéger le Dalaï-Lama et ses compagnons durant leur voyage vers l'Inde.

cheval. L'avion nous a survolés et a continué sa route. Il était dix heures du matin et il neigeait. Par la suite, nous avons appris qu'il s'agissait d'un appareil envoyé par le gouvernement indien à notre recherche.

Sa Sainteté a été retardée en chemin par ceux qui lui demandaient audience. Beaucoup de gens se sont réfugiés en Inde dès que Sa Sainteté l'a fait. La plupart ne savaient pas que nous partions, car nous voyagions de nuit. Quand nous sommes arrivés à Sanda, je pouvais à peine me tenir sur mes jambes. J'avais tellement froid ! Les villageois nous ont invités chez eux, mais le temps nous manquait.

Nous sommes arrivés à Chidisho par Ramaka et Sanda. Cet endroit était célèbre au Tibet pour ses lainages tricotés. Sa Sainteté éclata de rire en me voyant, car j'étais toujours déguisée en homme. J'avais certes passé un moment difficile, mais il était sûr que tout allait s'arranger, car l'épreuve toucherait bientôt à sa fin. Nous avons passé la nuit en ces lieux, dormant dans un grenier, au-dessus des cochons. J'ai enfin réussi à me changer. Lorsque nous passions la nuit quelque part, je faisais toujours cuire du pain pour le voyage du lendemain. Nous vivions de *tsampa* et de *thukpa*.

Après Chidisho, nous étions un peu plus détendus. Les Chinois étaient loin derrière. Les soldats Khampa étaient partis en éclaireurs pour nous ouvrir la voie, tuant tous les Chinois qu'ils rencontraient. À Yarto Takla, de nombreux oracles locaux sont venus nous voir, sont entrés en transe et nous ont affirmé qu'il n'y avait plus de danger et que notre voyage vers l'Inde serait facile.

28

Refuge en Inde

À Tawang, juste au-delà de la frontière, nous avons été accueillis en grande pompe par les officiels indiens. En Inde, personne n'avait été au courant de notre venue en dehors de mon fils Gyalo Thondup, en contact avec les Khampas. Le fonctionnaire indien de Tawang connaissait quelques mots de chinois et répétait *hang-hao* (très bon) à chaque fois qu'il goûtait un morceau du pain que j'avais fait cuire. Après trois jours passés à Tawang, nous nous sommes rendus à Bomdila, puis à Tezpur, où nous fûmes accueillis par Gyalo Thondup, les fonctionnaires gouvernementaux et Nehru en personne. Sa Sainteté y prononça plusieurs sermons. Nous partîmes ensuite pour Siliguri, où de nombreux Tibétains nous attendaient. Lorsque j'ai rencontré ma fille et mes petits-enfants, seules les larmes ont coulé, car j'avais la gorge nouée.

Une grande réception a été offerte en notre honneur à Mussoorie. Les gardes indiens et l'armée assuraient la sécurité. C'était un soulagement de se sentir en lieu sûr. Le gouvernement indien s'occupait de tous nos besoins et était très prévenant avec nous. Nous étions en paix, nous pouvions profiter de notre inimité, les Chinois étaient très loin et ne me faisaient plus paniquer comme ils l'avaient fait durant les quelques dernières années à Lhassa. Nous nous promenions dans les immenses jardins et visionnions des films. À l'époque, j'ai appris à apprécier le café, une boisson que je n'avais jamais goûtée à Lhassa. Mais les pousse-pousse me déplaisaient, car je n'aimais pas l'idée qu'un homme les tire. La ville de Mussoorie était remplie de Tibétains, et nous y sommes restés une année. Sa Sainteté donnait des conférences de presse et débattait avec beaucoup de gens de la situation au Tibet.

Nous avons ensuite emménagé à Dharamsala, où nous nous sommes installés à Swargashram, bâtiment criblé de fuites. Lorsque j'avais séjourné en Chine, on m'avait fait passer des radios, qui avaient montré la présence d'une déformation dans ma gorge, une sorte de poche où des fragments de nourriture risquaient de se loger. On m'avait parlé de la nécessité d'une opération, mais en raison de mon âge on avait préféré la remettre. Comme je n'avais jamais eu le moindre problème, je n'avais pas cru les Chinois. À mon retour à Lhassa, lors d'un dîner avec les Chinois, j'avais ressenti un étranglement dans la gorge. Depuis ce jour-là, j'ai eu des problèmes de gorge. J'ai eu de grandes difficultés à manger lorsque j'habitais Mussoorie. Mon état s'est progressivement aggravé à Dharamsala.

Finalement, Sa Sainteté m'a conseillé de me rendre à l'étranger pour être traitée. Je n'en avais pas envie car je craignais de mourir des suites d'une opération. Mon fils Norbu m'a alors emmenée consulter un médecin de Calcutta. Celui-ci posa le même diagnostic que celui de Chine et prôna l'opération.

Un médecin anglais présent me proposa de m'opérer si je venais en Angleterre. Il m'a dit que j'étais affligée d'une maladie rare, affectant une personne sur dix mille. Je suis retournée à Dharamsala pour faire mes adieux à Sa Sainteté. En chemin, un pneu de la voiture a éclaté, provoquant un accident. J'ai été blessée et j'ai perdu connaissance pendant une heure.

Après cet accident, j'étais comme un enfant. Je ne pouvais ni m'habiller ni même manger sans l'aide d'une servante. Dix jours après, j'ai décollé pour l'Angleterre, accompagnée de mon fils Norbu et de Madame Taring comme interprète. On m'a conduite immédiatement à l'hôpital. Les dix premiers jours j'ai été traitée pour les séquelles de mon accident, puis j'ai été opérée. L'hôpital m'a gardée encore une semaine. Norbu est resté seulement dix jours en Angleterre.

Lady Gould, dont l'époux avait été en poste à Lhassa dans le cadre de la mission britannique, m'a témoigné une grande gentillesse durant cette période. Elle venait souvent me voir et m'emmenait faire du tourisme. Je séjournais dans un hôtel au bord de la mer avec Madame Taring. Celle-ci s'est montrée très patiente au cours de ces trois mois, bien que je sois persuadée qu'elle est passée par des moments difficiles. Je me levais parfois la nuit avec des envies de plats tibétains, et Madame Taring me les préparait dans la cuisine de l'hôtel. Après quelques erreurs amusantes, elle a fini par bien cuisiner. J'étais fascinée par la cuisinière à gaz, car je n'en avais jamais vu au Tibet. Le personnel de l'hôtel nous traitait comme si nous faisions partie de la famille, et nous leur avons souvent préparé des plats tibétains. Ils les appréciaient.

Un jour, la police nous a rendu visite pour nous avertir que des voleurs étaient dans les parages. Madame Taring a été si effrayée qu'elle a caché tous nos sacs à main sous le lit. Mais j'ai fini par la convaincre que si un voleur s'introduisait dans la pièce, ce serait la première chose qu'il verrait.

Nous avons éprouvé du chagrin en quittant l'hôtel du bord de la mer, où nous avions demeuré trois mois. Gyalo Thondup est venu me voir au cours de cette période, puis il m'emmena visiter les États-Unis, le Japon et Hong-Kong, en compagnie de son épouse. À notre arrivée aux États-Unis, on m'annonça le décès de ma mère. Nous sommes restés trois semaines à New York, puis nous partîmes pour Washington, San Francisco, de là pour le Japon et Hong-Kong, avant de revenir en Inde. Je m'étais absentée pendant quatre mois et demi.

À notre retour à Dharamsala, j'ai trouvé ma fille aînée gravement malade. Les premiers signes de sa maladie s'étaient manifestés deux ans avant mon départ pour l'Angleterre. Tsering Dolma était la responsable du Village des enfants tibétains de Dharamsala. Nous n'avons pas soupçonné un cancer à l'époque, bien qu'elle ait constamment mal à l'estomac. Je l'ai accompagnée à Calcutta pour un traitement de deux mois. Finalement, elle a été conduite en Angleterre.

Elle est décédée à l'hôpital, dix jours après son arrivée. La nuit où elle est morte, j'ai fait un rêve étrange. Je voyais à l'extérieur de notre demeure de Dharamsala des mendiants portant des vêtements tibétains flottants, sans ceinture. Ma fille se trouvait parmi eux, et mangeait avec eux. En colère, je me suis demandée ce qu'elle faisait là. Je me suis alors éveillée en sursaut. Dans mon rêve, elle portait une robe bleue pendant autour d'elle en grands plis. J'ai eu la prémonition de sa disparition.

Trois heures plus tard, nous avons reçu le télégramme nous l'annonçant. Lorsque mon gendre est revenu d'Angleterre, je lui ai demandé ce que portait ma fille lors de sa mort. Il m'a répondu qu'il l'avait recouverte d'une robe bleue en brocart quelques minutes avant qu'elle s'éteigne, drapée lâchement autour d'elle. Elle a été incinérée en Angleterre. Nous avons récité des prières à son intention.

---

* Au cours de ses dernières années, Diki Tsering continua à s'occuper de sa famille, particulièrement de son fils cadet, Tendzin Choegyal. Elle veilla à ce qu'il reçoive une bonne éducation, au Collège St Joseph de Darjeeling. Celui-ci finit par renoncer à ses vœux monastiques, trouvant impossible de concilier son acculturation moderne avec les attentes de la vie monastique. Il s'occupe maintenant d'une maison d'hôtes à Dharamsala.
En 1960, Norbu accepta un poste d'enseignant à l'université de Washington à Seattle. Il décida alors de renoncer à ses vœux monastiques pour se marier. Il est maintenant retraité du poste de professeur de l'université de l'Indiana. Il a écrit deux livres, *Tibet, mon pays* et *Tibet*. Lobsang Samten s'est également marié et a dirigé le Centre médical tibétain jusqu'à sa mort en 1985. Tsering Dolma a été à la tête du Village des enfants tibétains, une crèche pour les enfants orphelins et démunis, jusqu'à son décès, quand ce poste a été repris par Jetsun Pema. Pema a écrit *Tibet, mon histoire*, un récit autobiographique publié en 1997. Gyalo Thondup, importante personnalité politique dans le milieu des réfugiés tibétains, homme d'affaires couronné de succès et pourvu de contacts internationaux, a continué à collecter des fonds pour la cause tibétaine dans le monde entier jusqu'à sa retraite.

La santé de Diki Tsering s'est dégradée au cours de ses dernières années. En 1980, sa sœur est venue lui rendre visite, apportant d'affreuses nouvelles sur les événements et les conditions de vie de leur terre natale. Ses proches racontent qu'elle ne s'est jamais remise du découragement qui l'avait submergée en entendant parler de la destruction des gens et des endroits qu'elle aimait. Cet hiver-là, elle est morte dans sa maison de Dharamsala. Son fils Lobsang Samten et l'épouse de Tendzin Choegyal, Rinchen, étaient à son chevet. Lors de sa dernière visite, Sa Sainteté lui avait dit de ne pas avoir peur, et elle avait affirmé qu'elle ne craignait rien. Il lui avait conseillé de méditer sur la *thanka* accrochée sur le mur et de réciter ses prières. À la fin, elle a voulu se lever, et elle s'est éteinte en méditant. Son seul regret était que ses autres enfants ne soient pas présents. Toute la famille s'est rassemblée pour pleurer sa mort. Elle a été incinérée à Dharamsala, et les Tibétains de partout ont récité des prières à son intention.

Postface

On peut dire que la vie de ma grand-mère a été pittoresque, mais on peut aussi dire qu'elle a été ordinaire. Un de ses cadeaux les plus habituels était très modeste, *thukpa tientu* (nouilles étirées). C'était un plat ordinaire de l'Amdo, qu'elle préparait souvent pour sa famille. Elle en avait enseigné la préparation à mon père, il me l'a appris et je la montre à ma fille.

On découpe de la viande de mouton et on la fait cuire à la vapeur, avec un peu de poivre et de sel, jusqu'à ce qu'elle soit tendre, mais pas trop. Si la viande se ramollissait trop, on nous réprimandait. Ensuite, on pétrit de la pâte fraîche avec un peu d'huile, en l'étirant en petites nouilles plates, qu'on jette dans la soupe bouillante. On couvre et au premier bouillonnement on retire les nouilles, sinon la pâte devient trop molle. Il est important de respecter la durée de cuisson.

Grand-mère a fait connaître cette soupe dans la communauté réfugiée d'Inde, et la popularité de ce plat s'est répandue. À ce jour, c'est la chose la plus proche d'un plat national tibétain que nous avons. Tout le monde en prépare. Je crois qu'elle serait ravie de savoir que son plat continue à nourrir des milliers de Tibétains chaque jour.

Bien entendu, sa plus grande contribution, non seulement au peuple tibétain, mais au monde entier, est d'avoir mis au monde trois lamas réincarnés, parmi lesquels l'enfant qui est devenu le quatorzième Dalaï-Lama. La vision et la direction exemplaires de celui-ci servent la cause de la dignité humaine et de la paix mondiale depuis cinquante ans.

Lorsque sa mère est morte, Sa Sainteté a annoncé son trépas devant un groupe d'adeptes réunis sous le figuier de Bodhi Gaya. Il a parlé de sa vie vertueuse et du nombre de *manis* (récitation du mantra *Om mani padme hum*) qu'elle avait récités durant les dernières années de sa vie. Il n'était pas triste, disait-il, car il était certain qu'elle bénéficierait d'une bonne réincarnation. Je suis sûre qu'elle est de retour parmi nous maintenant, réconfortant tous ceux qui l'entourent par son esprit qui ne se laisse jamais abattre.

Glossaire

amala	mère
Amdo	zone peuplée principalement de Tibétains, mais dirigée à l'époque par des seigneurs de guerre musulmans au nom de la Chine nationaliste, terre de confins sans frontières précises. Sauvage, balayée par les vents, on y trouve de hautes montagnes, des prairies, des forêts et des lacs salés. La Chine la nommait Chinghai et prétendait qu'elle lui appartenait. Peuplée d'abord par les Tibétains, puis par les Chinois et les musulmans chinois. Gouvernée depuis le XVIIIe siècle par des rois et des seigneurs de guerre souvent soutenus par la Chine.
chang	bière à base d'orge
Changseshar	"jardin oriental", maison où la famille vivait à Lhassa, appelée aussi *chensi-sha*
changs-zo	correspondant à secrétaire, intendant
Choekyong Tsering	père du Dalaï-Lama
Chokah	Jorkha, Churkha, vingt-deux kilomètres de Taktser, lieu de naissance de Sonam Tsomo
chuba	robe à ceinture portée tant par les hommes que par les femmes

damaru	petit tambour de cérémonie
Darjeeling	ville indienne dans l'Himalaya, son nom est une altération du tibétain "Dorji Ling" ("Place du coup de tonnerre")
Diki Tsering	"Océan de chance", nom donné à la mère du Dalaï-Lama par Taktser Rinpoché lors de son mariage
domadesi	sorte de pâtisserie
Doma Yangzom	mère de Diki Tsering
Drepoung	grand monastère
dri	yak femelle
dzo	progéniture mâle du croisement yak-vache
dzomo	progéniture femelle du croisement yak-vache
Gadong	oracle officiel
Ganden	grand monastère
Guyahu	Tanantwan, endroit où grand-père avait acheté une ferme
Gyayum Chenmo	"Grand-mère", titre par lequel les gens désignaient Diki Tsering
hari	coiffure en forme de vase, parsemée de bijoux, atteignant la taille
Je Rinpoché	Tsongkhapa, fondateur de la secte Guélougpa
Kalimpong	centre de commerce traditionnel entre le Tibet et l'Inde, situé à l'extrême nord du Bengale
kang	plate-forme chauffée utilisée pour s'asseoir et dormir
Kashak	Conseil des ministres du Dalaï-Lama
Kumbum	ville commerciale proche de Taktser, également un monastère
kyirong	fantôme
labrang	corporation religieuse

Lha gyal lo	"Victoire aux dieux"
lhamo	opéra tibétain
Losar	Nouvelle année tibétaine
Ma Pu-fang	seigneur de guerre chinois de la province de Chinghai
miser	laboureur serf
Monlam	Grande fête de la prière, durant Losar
Namgyal	monastère à l'intérieur du Potala
Nechung	oracle officiel
ngagpa	lama astrologue
Ngari Rinpoché	Tendzin Choegyal, fils de Diki Tsering
Ngawang Changchup	frère de Choekyong Tsering, intendant principal de Kumbum
Norbu, Thubten Jigme	vingt-cinquième réincarnation de Taktser, moine et maître du XVe siècle
Norbulingka	"Parc du joyau", palais d'été du Dalaï-Lama
nyerpa	domestique chargé des réserves de la maison
pangden	tablier porté par les dames de Lhassa
patu	coiffure portée par les dames de Lhassa
Potala	palais du Dalaï-Lama, renfermant le monastère Namgyal et les bureaux du gouvernement
Reting	régent, principal précepteur du Dalaï-Lama
Sera	grand monastère
shape	ministre d'État
Sonam Tsomo	nom d'origine de Diki Tsering
Taktra Rinpoché	régent, également précepteur du Dalaï-Lama
Taktser	Ta-Tse, Ji-ga-chuan Hunn-ne ("Tigre rugissant"); situé à 2700 mètres d'altitude, un des six villages sous la juridiction du monastère de Kumbum, formé

	d'environ trente petites fermes à flanc de coteau
Taktser Rinpoché	le précèdent est décédé peu de temps avant la naissance de Tsering Dolma ; sa réincarnation suivante a été le fils Norbu
Tashi deleg	salutation pour la Nouvelle Année
Tashi Dhondup	père de Diki Tsering
thanka	peinture religieuse sur toile
thudam	divination
thukpa	nouilles dans du bouillon, plat de l'Amdo, devenu à Lhassa plat national grâce à Diki Tsering
timomo	boulettes à la vapeur
tsampa	plat d'avoine cuite
Tsongkha	district d'Amdo, lieu de naissance de Tsongkhapa
tulku	lama réincarné, désigné par le titre de Rinpoché ("valeureux")
yuleg	domestiques engagés à l'année